集人文社科之思 刊专业学术之声

集 刊 名：劳动教育评论
主办单位：中国劳动关系学院

《劳动教育评论》学术委员会

主　任	刘向兵	中国劳动关系学院党委书记、研究员
委　员	周光礼	中国人民大学评价研究中心执行主任、教授
	曾天山	教育部职业教育发展中心副主任、研究员
	卢晓东	北京大学教育学院教授
	檀传宝	北京师范大学公民与道德教育研究中心主任、教授
	班建武	北京师范大学教育学部教授
		中国劳动关系学院劳动教育学院学术委员会主任
	王　星	南开大学周恩来政府管理学院教授
	宁本涛	华东师范大学教育学部教授
	顾建军	南京师范大学教育科学研究院院长、教授
	何云峰	上海师范大学知识与价值科学研究所所长、教授
	龚春燕	重庆市教育评估院原院长、研究员
	廖　辉	重庆师范大学教育科学学院教授
	柳友荣	安徽艺术学院副校长、教授
	李　珂	中国劳动关系学院副校长、工会学院院长、研究员
	燕晓飞	中国劳动关系学院党委宣传部长、教授
	杨思斌	中国劳动关系学院劳动关系与工会研究院教授
	任国友	中国劳动关系学院安全工程学院副院长、教授
秘书长	曲　霞	中国劳动关系学院劳动教育学院副院长、副研究员

第14辑

集刊序列号：PIJ-2020-414
集刊主页：www.jikan.com.cn/ 劳动教育评论
集刊投约稿平台：www.iedol.cn

中国高等教育学会劳动教育专业委员会会刊

主编 中国劳动关系学院

劳动教育评论

LABOR EDUCATION REVIEW No.14

第14辑

社会科学文献出版社
SOCIAL SCIENCES ACADEMIC PRESS (CHINA)

《劳动教育评论》编辑委员会

主　　　任　刘向兵

副 主 任　刘丽红　李　珂

主　　　编　曲　霞

执 行 主 编　纪雯雯

编辑部主任　谢　颜

劳动教育评论

第 14 辑
2025 年 6 月出版

·热点聚焦·

新时代高校劳动教育课程体系构建研究 …………………………… 刘　征 / 1
课程思政背景下高职院校学生劳动精神培育调查分析 ………… 周绍永 / 14
中小学劳动教育实践指导手册编写的十个关键问题 …………… 欧阳修俊 / 27
体用范式纾解高校劳动教育课程形式化之困 … 王　辉　仲　会　辛清婷 / 41
基于 Nvivo 的我国高校劳动教育实施路径与优化策略探析 ……… 卓　潇 / 53
现状审思与未来路向：中国幼儿劳动教育研究 40 年（1983~2022）
　　…………………………… 戚　娟　李英慧　海茹岩　海小莹 / 67

·历史回眸·

近代中国劳动教育发展沿革的历史考察 ………………… 王晓慧　闫思豫 / 90
抗战时期岭南大学工读制度对新时代高校劳动教育的启示 …… 宁夏江 / 108

·发展新质生产力·

高校劳动教育赋能新质生产力：内在依据、逻辑机理和实践进路
　　………………………………………………………… 颜培鲁　刘金枝 / 120

·会议速递·

向劳动出发
——中国劳动关系学院2025劳动教育新年学术研讨会会议综述
.... 陈婷婷　纪雯雯 / 133
Table of Contents & Abstracts .... / 143
《劳动教育评论》约稿函 .... / 148

·热点聚焦·

新时代高校劳动教育课程体系构建研究[*]

刘 征[**]

摘 要：劳动教育课程是保障学生形成系统性劳动素养的主要载体，是当前各高校加强劳动教育的重要任务之一。本文通过对当代高校劳动教育基本要求和基本特点进行分析，认为高校劳动教育课程体系建设必须贯彻立德树人、知行合一、激发兴趣、以人为本等基本理念，以培养大学生正确的劳动观念、必备的劳动能力、积极的劳动精神、良好的劳动习惯和品质为课程总体目标，按照科学性与思想性、理论性与实践性、综合性与专业性、系统性与开放性、时代性与超前性相结合的原则，构建劳动教育必修课、劳动教育选修课、劳动教育融合课、劳动教育活动课四大类课程体系。而这些课程体系必须将加强师资队伍建设、建立多样化的劳动实践平台、强化实施效果评价作为保障。

关键词：高等教育 劳动教育 课程体系

劳动教育是中国特色社会主义教育体系的重要组成部分，劳动教育课程是学校劳动教育中最基础、最关键、最核心的单元。中共中央、国务院发布的《关于全面加强新时代大中小学劳动教育的意见》明确提出，将劳动教育纳入"普通高等学校人才培养方案，形成具有综合性、实践性、开放性、针对性的劳动教育课程体系"[①]。科学合理的劳动教育课程体系是保障高校劳动教育有效实施的基础，也是促进劳动教育融入人才培养主阵地、实施"五育并举"的主要途径。如何通过课程建设及课程体系建设回应高校劳动教育教什么、如何教的困惑，促进劳动教育课程与其他课程协同发展，是值得深入探讨和研究的问题。

---

[*] 本文系湖南省"十四五"教育科学研究基地和重点培育基地省级重点资助项目"新时代地方高校劳动教育课程体系建设研究"（项目编号：JD229122）的阶段性成果。
[**] 刘征，湖南财政经济学院原教务处处长，教授，研究生学历，主要研究领域为高等教育。
[①] 《中共中央 国务院关于全面加强新时代大学生劳动教育的意见》，《人民日报》2020年3月27日。

一 新时代高校劳动教育的基本特点

随着科学技术的发展，具有高科技、高效能、高质量特征的新质生产力正在成为我国社会经济发展的强劲动力。与此同时，与人们生产生活紧密联系的劳动呈现出新的发展趋势，主要表现在劳动与科技、知识的联系愈发紧密，体力劳动与脑力劳动走向深度融合，[①]数字劳动、智能劳动等新的劳动形态正在形成。劳动教育作为高校新近开设的一门课程，一方面需要补齐近年来中小学劳动教育缺失的"短板"，做好与中小学劳动教育的纵向衔接；另一方面还要适应当下和未来劳动形态和业态的演变，与时俱进地开展劳动教育，让劳动教育彰显时代性和创新性，提升大学生适应未来社会的能力，使大学生个体能够得到自由、全面、充分和可持续的发展。[②]同时，高等教育以培养高级专门人才为主要任务，培养的毕业生主要面向生产、管理、服务第一线，直接对接劳动就业岗位，专业性、职业性、高阶性和创新性是其主要特征。因此，教育部在《大中小学劳动教育指导纲要（试行）》（以下简称《纲要》）中明确要求，大学阶段劳动教育要"围绕创新创业，结合学科和专业积极开展实习实训、专业服务、社会实践、勤工助学等，积累职业经验"[③]。从时代特征、高等教育属性以及上述要求出发，高校劳动教育要面向当代和未来的职业场景，以培养大学生高阶综合劳动素养为目标，以学科专业为基础，将劳动教育融入专业教育之中，实现劳动教育与学科教育的有机结合，以创新性劳动和智能型劳动为重点，培养大学生适应未来劳动形态和产业发展变化的能力，以劳动实践为载体，强化大学生参与各种劳动实践的力度，增强大学生劳动体验，提升大学生实际操作能力与解决问题的能力，以就业创业为导向，培养大学生进入社会的职业素养和创新创业精神与能力。这是高校劳动教育与中小学劳动教育最大的不同之处，也是高校劳动教育课程体系构建的立足点。

[①] 张龙：《高校劳动教育的课程建设、体系构建与创新发展》，化学工业出版社，2021，第142页。
[②] 黄小芳、黄红武：《新时代高校劳动教育体系的构建路径》，《中国高等教育》2021年第1期。
[③] 《教育部关于印发〈大中小学劳动教育指导纲要（试行）〉的通知》，教育部网站，http：//www.moe.gov.cn/srcsite/A26/jcj_kcjcgh/202007/t20200715_472808.html。

二 新时代高校劳动教育课程体系构建的基本理念

课程体系是指在一定的教育价值理念指导下,将课程的各个构成要素加以排列组合,使各个课程要素在动态过程中统一指向课程体系目标实现的系统。① 新时代高校劳动教育课程体系是为了实现其课程培养目标,根据大学毕业生应具备的劳动知识、能力、素质所设置的一系列相互分工与配合的课程组合。它是教育理念、人才培养目标、课程设计、教材、教法及教学管理模式等的综合体现,是劳动教育的平台和依托,也是开展劳动教育的重点和关键。坚持科学正确的教育理念,是构建合理的劳动教育课程体系,保证培养社会需要的高素质劳动者的前提。

(一)坚持"立德树人",促进大学生全面成长

新时代高校劳动教育围绕为党育人、为国育才这个根本定位,以培养担当民族复兴大任的时代新人为最终目标,因而,"立德树人"是劳动教育课程体系建设总的指向。围绕这个指向,要进一步明确其在价值、认知、技能、情感、行为等领域并行推进的多维要求,融合哲学、政治学、社会学、经济学、心理学、法学、工学、农学等诸多学科领域的有关知识,以帮助大学生树立正确的劳动价值观,把劳动最光荣、劳动最崇高、劳动最伟大、劳动最美丽的价值体认作为核心追求,以劳动实践为依托,促成其劳动直接经验与已有间接经验的整合,形成新的认知结构,② 并从中提升劳动素质,强健体魄,陶冶情操,感受美好,从而达到树德、增智、强体、育美,促其全面成长的目的。

(二)坚持"知行合一",促进大学生动脑动手

新时代高校劳动教育首要的任务是强化劳动观念,弘扬劳动精神。这就需要高校劳动教育课程一方面要加强理论教学,强化对马克思主义劳动价值观以及习近平总书记关于劳动和劳动教育重要论述的诠释,提升大学生对劳动本质、

---

① 方贵庭:《硕士研究生学科通开课与教学管理的思考——以武汉大学为例》,《湖北师范学院学报》(哲学社会科学版)2014年第6期。
② 林克松、熊晴:《走向跨界融合:新时代劳动教育课程建设的价值、认识与实践》,《湖南师范大学教育科学学报》2020年第2期。

劳动意义、劳动精神的全面认识，增进理性思考，掌握系统高阶的劳动知识，牢固树立正确的劳动观念；另一方面也要加强劳动实践，围绕大学生的就业创业，结合学科专业经常开展专业实习劳动、日常生活劳动和服务性劳动，让大学生在劳动实践中掌握劳动科学知识，培养劳动技能，提高运用所学知识解决实际问题的能力，并增强劳动情感，锤炼意志品质，感悟劳动的价值与意义，做到"知行意情"合一。

（三）坚持激发兴趣，培养大学生热爱劳动的情感

劳动教育，劳动是手段，教育是目的。劳动教育课程要成为大学生"真心喜爱、终身受益"的课程，必须让大学生从课程中学有所获，从劳动实践中感受到劳动的美好和快乐，能实现自我、超越自我，能获得自我肯定和他人赞誉，获得物质上和精神上的独立，从而产生满足感、幸福感，并由此形成内生动力。只有激发和保持大学生对劳动课程和劳动的兴趣，才能使大学生自觉地、主动地、积极地参与到学习活动中来，主动参与一切劳动实践，并把劳动作为一种生活方式保持下去。因此，激发大学生的兴趣，是实现劳动教育课程目标和价值的有效保证。

（四）坚持以人为本，尊重大学生的主体地位

劳动教育课程最重要的是提高大学生对马克思主义劳动价值观的认同感和践行度，而认同和践行又基于个人的自主选择，这就要求在劳动教育课程体系构建中，从课程设计、内容选择到评价等各个环节，要坚持以人为本，始终把大学生主动、全面发展放在中心地位，在发挥教师主导作用的同时，要引导大学生主动接受教育，进行自我教育，从而起到增强大学生的主体意识、培育大学生的主体精神、塑造大学生的主体人格的作用。

三 新时代高校劳动教育课程体系构建的目标定位

劳动教育课程体系构建的目标定位是劳动教育课程设置及其评价的基本依据，是劳动教育选择教育内容、确定教育方法、实施教育举措的出发点和归宿点。新时代高校劳动教育课程体系的构建总的来说，就是通过理论与实践相结合，提高大学生的综合劳动素养，具体包括以下四个方面的内涵。

(一)培养正确的劳动价值观

劳动观念是指在劳动实践中逐渐形成的,对劳动、劳动者、劳动成果等方面的认知和总体看法,以及在此基础上形成的基本态度和情感。[①] 劳动价值观是劳动素养的核心要素。新时代高校劳动教育的价值定位是确保大学生能够理解和认同马克思主义劳动价值观,正确理解劳动是推动人类社会进步发展的根本力量,充分认识到劳动是实现个人价值、个人理想的重要途径,懂得劳动创造财富和幸福生活的道理,以劳动为荣,以创造为乐,尊重劳动和一切劳动者,爱惜劳动成果,树立正确的择业观、就业观和创业观。

(二)提升大学生劳动能力

劳动能力是个体完成劳动任务的本领,是劳动者的劳动知识、技能和行为方式在劳动实践中的综合表现,包括体力劳动和脑力劳动两个方面,是体力劳动和脑力劳动的总和。随着人工智能的发展应用,劳动内容、形态、方式、对象等正在发生深刻的变化,部分简单的、繁重的、重复的劳动逐渐被智能化、自动化取代,人创造并协同智能工具进行劳动将成为主要的劳动方式,[②] 而这种方式对人的创造性劳动能力和综合素养的要求不断升级。大学生作为即将承担建设中国式现代化重任的生力军和即将承担家庭与社会责任的成年人,必须有适应这种变化的能力。劳动教育课程建设致力于通过系列化、多层次、跨学科的教育与实践活动,除了培养大学生必要的生活劳动技能、生产劳动技能和服务性劳动技能外,还要创设应用智能技术的高技能劳动教育场景,培养其创新意识和创新思维,提高创造性劳动能力,学会使用智能技术工具,提高未来人机协同劳动能力。

(三)培育积极进取的劳动精神

劳动精神是指劳动者在长期的劳动实践中所秉承的关于劳动的价值理念、精神气质、心理意识以及人格特质。劳动精神不仅是历史、文化的传承,也与时代同向同行,是国家繁荣、民族兴旺、人民幸福的强大精神动力。新时代劳

---

① 傅小芳:《劳动素养的内涵、特征及其对劳动课程的导向作用——基于〈义务教育劳动课程标准(2022年版)〉的分析》,《江苏教育研究》2023年第8期。

② 毛勒堂、郭亭:《新时代劳动精神:何以必需及如何可能?》,《思想理论教育》2021年第5期。

动精神的核心要义主要表现在辛勤劳动、诚实劳动、创造性劳动，其中辛勤是对劳动的态度要求，诚实是对劳动的道德要求，创造性是对劳动的本质要求。培育大学生新时代劳动精神，一方面，要从劳动教育课程内容的建构着手，精选体现中华民族在历史长河中为了自身的生存和发展，与大自然抗争而不畏艰险、吃苦耐劳的历史故事，生动讲述当代劳动模范、"两弹一星"功勋奖章获得者感天动地的优秀事迹，总结提炼这些先进模范人物不怕苦、不畏难、不惧牺牲、勇于攀登的优秀品质，通过榜样示范、激励引导教育达成；另一方面，也要在经常性的劳动实践中磨砺养成。

（四）养成优良的劳动习惯和品质

劳动习惯和品质是指劳动者在经常性劳动实践中形成的较为稳定的行为倾向和品格特征。古人曾说："少成若天性，习惯如自然。"好的劳动习惯一旦形成就极具稳定性，对大学生的成长发挥重要的作用。优良的劳动习惯主要表现为积极主动、严谨细致、安全规范、善始善终等，优良的劳动品质主要包括认真负责、诚实守信、吃苦耐劳、团结合作、敢于拼搏、勇于创新等。优良的劳动习惯和品质要在长期的劳动实践中慢慢养成，黑格尔说，"实践教育就在于养成做事的习惯和需要"①，因此，高校劳动教育课程需要针对大学生学习、生活实际，安排有针对性的劳动实践项目，提出要求和标准，持之以恒地坚持并固化下来。通过具体的劳动过程，形成以辛勤劳动为荣、以好逸恶劳为耻的价值取向和行为准则，抵制不劳而获、贪图享乐、奢侈浪费等恶习的影响。

四 新时代高校劳动教育课程体系构建的基本原则

要实现上述目标，笔者认为，新时代劳动教育课程体系的构建必须遵循以下几个原则。

（一）科学性与思想性相统一的原则

新时代劳动教育课程体系建设要坚持向大学生传授基本的劳动科学知识，尤其是需要让大学生了解人工智能时代劳动变革的新图景，培养提升大学生适

---

① 〔德〕黑格尔：《法哲学原理》，范扬译，商务印书馆，1961，第210页。

应未来的劳动技能，同时也必须将马克思主义劳动观贯穿其中，特别是要将习近平总书记关于劳动和劳动教育的重要论述作为重要内容，让大学生准确理解和把握新时代劳动与劳动教育的科学内涵和根本要求，深刻理解劳动对个人、家庭、国家乃至人类的重要作用，深刻理解劳动对建设中国式现代化的重大意义，自觉践行马克思主义劳动观。

（二）理论性与实践性相结合的原则

《纲要》指出："理论学习和实践锻炼都是劳动教育的必要内容。"理论学习最重要的是让大学生接受历史唯物主义基本理论主张，深入理解劳动的本质规定、劳动的创造价值和普遍意义，"明劳动之理"；而劳动实践就是让大学生通过具体的、直接的主体性劳动，把所学知识转化为实际本领，提高劳动能力，并同时反思劳动行为，体会劳动的艰辛，感受劳动的伟大，形成自觉自愿的劳动习惯。绝不能把劳动教育简单地看成是关于劳动的说教，也不能把劳动实践看成是劳动教育的全部，需要二者有机结合。因此，要系统规划劳动教育课程，研究制定大学生劳动教育理论与实践指南，探索二者有机融合的内容与形式。

（三）综合性与专业性相融合的原则

由于劳动素养的综合性、劳动实践的综合性、劳动育人价值的综合性，劳动教育课程体系涉及政治学、经济学、工学、农学、家政学等多个领域和学科。[①] 为避免劳动教育内容的碎片化，要求在劳动教育课程体系构建过程中，要从更宏观、更高层次、更宽广的视野，去打破各学科壁垒，重建多学科联结的内在逻辑，进行跨学科的整合，以帮助大学生更好地建立劳动知识的整体架构，更深层次地理解劳动价值。同时，大学生的劳动教育不能离开具体的专业背景，因而劳动教育的课程体系应当结合各自学科和专业特点设计，既要考虑和突出专业知识与技能，又要兼顾劳动类知识、技能的学习与实践，注意要将劳动教育融入专业教育全过程，渗透到大学生成才成长各环节，在融合中突出劳动教育的导向。

---

① 王惠颖：《劳动教育专业课程体系建设的逻辑框架与实践路径——基于卢曼社会系统理论的分析》，《南京社会科学》2023 年第 12 期。

(四)系统性与开放性相结合的原则

高校劳动教育课程体系作为一个系统,要加强顶层设计、系统谋划,正确处理好整体与局部的关系、总体目标与阶段性目标的关系,保证各方面因素相互促进,并注意与中小学劳动教育相互贯通,与大学生未来职业相衔接,以实现劳动教育课程建设整体最优,统筹协调形成合力。同时,劳动教育课程兼具理论性、社会性与实践性,因而课程建设的主体不能仅局限于学校内部课程专家、教师、学生等,还应当将政府部门、企业人士、家长等纳入课程建设团队,集大家之智,融各家之长,以提高课程建设质量。另外,课程实施环境也要保持开放性,推动校外基地学习、实践场景学习等应成为开展劳动教育的常态。

(五)时代性与超前性相结合的原则

时代性与超前性是劳动教育课程建设可持续发展的必然要求。所谓时代性,就是要求劳动教育课程体系构建要紧紧把握新时代的特征,适应当前政治、经济、文化发展的需要,挖掘劳动教育新内涵,创新劳动教育新形式,彰显劳动教育新价值;而超前性就是要面向未来需求构建课程体系,体现未来经济、科技、业态和劳动形态的新要求,探索物联网、云计算、大数据、人工智能等新技术背景下劳动教育的内容、形式与方式,引导大学生运用多元学科知识,开展创造性劳动教育。

五 新时代劳动教育课程体系的基本架构

基于上述培养目标定位和基本原则,劳动教育课程一方面需要深化大学生对劳动的认识,另一方面也要通过丰富多样的劳动实践活动,让大学生亲身体验劳动过程,提高劳动能力,感受劳动带来的成就感和快乐,从而培养对劳动的尊重和爱好。因此,新时代劳动教育课程体系应包括以下四大类。

(一)劳动教育必修课程

开设劳动教育必修课是确保劳动教育应有地位、实施五育并举的必要之举,也是保障大学生获得系统的劳动教育理论知识的主要载体,其目标是独特的、关键的、重要的,内容是基础的、必需的、结构化的。《纲要》要求高校劳动教育必修课"课程内容应加强马克思主义劳动观教育,普及与学生职业发展密切相关的通用劳动科学知识"。因此,高校劳动教育必修课一方面必须以马克思主义劳动观为基石,以中国化的马克思主义劳动观为纽带,帮助大学生全面理解劳动的真正内涵和时代意义,确立正确的劳动观,不断强化劳动意识和劳动精神,同时也要弘扬中华民族勤劳质朴、艰苦奋斗的优良劳动文化传统,推动中华传统文化中劳动思想的现代转化,提升劳动教育的精神品格,使其更富人文属性和历史底蕴,并内化成大学生人格、气质和修养。另一方面又要面向新时代的经济社会发展变化,以劳动的新需求为导向,帮助大学生系统掌握新的劳动科学知识,组织开展富有创造性的劳动实践。《纲要》也明确强调,劳动教育"必须面向真实的生活世界和职业世界,引导学生以动手实践为主要方式,在认识世界的基础上,获得有积极意义的价值体验",因而劳动实践必不可少。要根据大学生在整个大学阶段和不同的专业不断线地开展不同类型的劳动实践,包括与个体和社会生活环境相关的自我服务性劳动实践、公益劳动实践、社会服务实践,与专业学习和就业相关的专业实习实训、企业顶岗劳动实践,与居家生活相关的家务劳动实践等,努力营造一个让大学生充分感受到人人都在劳动、时时需要劳动、处处能够劳动的氛围,并体悟"纸上得来终觉浅,绝知此事要躬行"的哲理,学会在具体情境中分析问题、解决问题,提高创新意识、创新精神和创新能力,并激发他们对劳动的兴趣与热爱,体会到劳动的意义与快乐。

(二)劳动教育选修课程

心理学家库尔特·勒温认为,个人的行为动机不仅与其内在的心理需要有关,还与目标的吸引力和个人对目标实现的自我效能感相关。[1] 为了确保劳动教育课程的有效性,高校劳动教育课程开设应该贴近大学生的实际生活和兴趣。由于不同的大学生其成长背景、人生经历、兴趣爱好、知识结构、职业规划不尽相同,这便决定了不同大学生之间存在着个性化需求。劳动教育选修课的开设就是体现以人为本,尊重大学生个体差异性,满足大学生个性化需求,激发大学生劳动兴趣,培养大学生热爱劳动的情感,形成个性化、特色化劳动素质的重要举措。笔者从1013份大学生调查问卷中了解到,有82.53%的大学生愿意选修劳动教育选修课。这些选修课包括劳动法律、劳动关系、劳动社会保障、

---

[1] 黄小芳、黄红武:《新时代高校劳动教育体系的构建路径》,《中国高等教育》2021年第Z1期。

劳动安全、劳动卫生、劳动伦理、劳动哲学、劳动经济等理论课程，也包括烹饪技巧、收纳收藏、陶艺制作、花草栽培、茶艺实操、盆景与插花技术、焙烤工艺以及其他非遗技艺等实践项目课程。劳动课程只有与大学生的学习和未来生活联系起来，才能真正成为激发大学生主动学习、认真实践不可或缺的一门课程。

（三）劳动教育融合课程

以学科专业为基础、以就业创业为导向的特点决定了高校劳动教育课程开设，主要有单独开设劳动课或将劳动课融入已有学科课程两种形式。教育部在《纲要》中强调，"普通高等学校要将劳动教育有机纳入专业教育、创新创业教育"。因此，实施课堂联动，融通培养环节，开发"劳动+"系列融合课程应是大势所趋。具体来说，即开发"劳动+思政""劳动+专业""劳动+心理""劳动+军事教育""劳动+创新创业"等具有系统性的劳动教育内容的课程。① 比如，在思政课中融入马克思劳动价值观、劳动精神和劳动相关法律法规与政策等内容；在专业课中，结合各个定理、定律的发现和各种理论观点的提出以及大学生实验实训，融入科学家精神、工匠精神和劳动精神教育等内容；在心理健康课中加强大学生热爱劳动、尊重劳动者、爱护劳动成果的教育，培养大学生积极的人生态度，健全心智人格，实现以劳育心、以心促劳；在军事理论与训练课中强化大学生不怕困难、勇于拼搏的精神培养，养成良好的生活习惯；在创新创业课中，融入勤俭奉献、奋斗创新精神的教育，帮助大学生树立正确的择业观、就业观，进一步提升其就业竞争力。

（四）劳动教育活动课程

劳动教育需要丰富的活动作为载体，并打造良好的校园劳动文化，营造良好的劳动氛围。高校劳动活动课的开设有利于弥补传统课堂的不足，开阔大学生的视野，激发其对劳动浓厚的兴趣。劳动教育活动课程主要是以第二课堂为载体，包括专题讲座活动、社会实践活动、技能竞赛活动、交流反思活动、成果展示活动等，以构建多样化的育人路径。专题讲座活动主要是邀请劳动专家、

---

① 闫梅、沈冠娟：《高职劳动教育课程体系构建及实施的研究——以山西机电职业技术学院为例》，《江西电力职业技术学院学报》2022年第7期。

劳动模范、工艺大师走进校园，进行劳动知识专题讲座，聆听劳模故事，观摩大师精湛技艺，激发大学生的职业兴趣和创造潜能。社会实践活动主要是组织大学生走出校门、深入社会，利用自己的专业知识参加公益劳动与志愿服务，或学工学农，了解社会现状、体悟劳动价值、提高劳动能力，并厚植爱国爱民情怀。技能竞赛活动就是通过劳动教育与技能培训，组织大学生开展分项劳动技能竞赛，以点带面，激发全体大学生劳动兴趣。如"挑战杯"全国大学生课外学术科技作品竞赛、"互联网+"创新创业大赛等活动，对激发大学生的竞争意识和劳动热情很有帮助。交流反思活动就是要求大学生在接受劳动教育或进行劳动实践后反思劳动过程，提高对劳动本质的认识，纠正观念上的偏差，并将反思交流与改进结合起来，收获成长。成果展示活动就是将大学生劳动的作品或成果以展览的形式进行展出，以身边的人、身边的事教育引导大学生热爱劳动，并打造优良的校园劳动文化。

六 新时代劳动教育课程体系构建的保障

（一）加强劳动教育师资队伍建设

高校劳动教育课程与其他课程有共同之处，都具有知识传授的基本功能，但对高校劳动教育课程来说，知识除了提高大学生劳动能力外，重要的是作为劳动价值观、劳动精神塑造的桥梁。高素质的劳动教育教师队伍，不仅是提高劳动教育课程教学质量的重要保证，而且还在劳动课程建设、劳动活动组织、劳动教育效果评价等方面都起着关键的作用。因此，必须努力建设一支校内外结合、专兼职搭配、理论与实践兼修、具备较高专业素养的劳动教育师资队伍。校内以思政课教师、专业课教师、辅导员教师、创新创业导师以及其他教学与大学生管理人员为主，校外可聘请劳动模范、岗位标兵、技术能手、大国工匠、非遗传承人、劳动就业保障部门和教育行政管理部门领导及工作人员担任兼职教师，并开展劳动教育专项培训，强化每位教师的劳动意识、劳动观念，提升劳动教育专业化水平。

（二）建立多样化的劳动实践平台

多样化的劳动实践平台，不仅可以满足不同大学生的不同需求，而且可以提供更多的机会让大学生亲身参与劳动实践活动，这也是劳动教育课实施的重要保障。这些平台可以包括校内的实验室、工作室、实训基地等，也可以包括校外的企业、社会组织等。通过这些平台，大学生可以选择适合自己的实践项目，并进行真实的劳动实践活动。例如，在校内，计算机科学专业提供专业实验室，供大学生进行编程和软件开发的实践；电气工程及其自动化专业可以让大学生在其专业实验室中，进行电力系统、电机与电器、自动控制等方面的设计与实践，其他各类专业实验室均可供大学生进行相关专业的动手实践。在校外，高校通过与企业合作，建立实训基地和实践项目，让大学生有机会参与真实的生产和管理活动，提升自己的实践能力和创新能力；通过与社会组织的合作，让大学生有平台参与社会服务和公益劳动，培养自己的社会责任感和团队合作能力。另外，虚拟现实、仿真、可视化等新兴技术的发展，也可以为劳动教育提供实时、逼真的学习与实践场景，大学生可以基于跟踪定位、交互感应等设备，以自然行为与虚拟学习环境当中的物体进行交互，从而达到教育的目的。

（三）加强劳动课程实施效果的评价

评价具有导向功能。通过评价获得的信息，可以对课程建设进行反馈调节，引导课程建设始终沿着正确的轨道运行，促进教师转变观念、转变角色。当前，高校劳动教育虽被纳入人才培养方案，但还没有建立起课程建设标准与课程质量评价体系。

要完善劳动教育评价体系，一是要坚持五维标准评价体系。也就是要坚持从思想认识、情感态度、行为习惯、知识能力、精神品德评价劳动课程实施效果。思想认识维度就是要求大学生对于劳动本质、劳动价值以及新时代劳动教育的要求有着清晰的认知，并形成劳动对于人的全面发展重要意义的理性认识；情感态度维度就是要让大学生在劳动教育的学习与实践的基础上，生成劳动的态度与取向，体现尊重劳动、热爱劳动、热爱创造以及热爱劳动者的情感；行为习惯维度就是要让大学生在具体的劳动实践中，形成严谨、细致、规范的工作态度，让勤勤恳恳、埋头苦干、一丝不苟、精益求精成为一种基本的生活方式；知识能力维度就是要用系统的科学知识与扎实的技能技巧教育培育大学生，为大学生劳动素养的提升奠定坚实的基础；精神品德维度就是要让大学生在辛勤劳动、诚实劳动的基础上，继承中华民族勤俭节约、敬业奉献的优良传统，弘扬开拓创新、砥砺奋进的时代精神。

二是严格劳动教育评价程序。要把内部评价与外部评价结合起来，过程性评价与结果性评价结合起来，定量评价与定性评价结合起来，传统评价手段与利用大数据、云平台、物联网等现代信息技术手段结合起来，自我评价与外部调控结合起来，促进高校实现时代新人的培养目标。

（编辑：黄国萍）

参考文献

《中共中央 国务院关于全面加强新时代大学生劳动教育的意见》，《人民日报》2020年3月27日。

张龙：《高校劳动教育的课程建设、体系构建与创新发展》，化学工业出版社，2021。

黄小芳、黄红武：《新时代高校劳动教育体系的构建路径》，《中国高等教育》2021年第Z1期。

《教育部关于印发〈大中小学劳动教育指导纲要（试行）〉的通知》，教育部网站，http://www.moe.gov.cn/srcsite/A26/jcj_kcjcgh/202007/t20200715_472808.html。

方贵庭：《硕士研究生学科通开课与教学管理的思考——以武汉大学为例》，《湖北师范学院学报》（哲学社会科学版）2014年第6期。

林克松、熊晴：《走向跨界融合：新时代劳动教育课程建设的价值、认识与实践》，《湖南师范大学教育科学学报》2020年第2期。

傅小芳：《劳动素养的内涵、特征及其对劳动课程的导向作用——基于〈义务教育劳动课程标准（2022年版）〉的分析》，《江苏教育研究》2023年第8期。

毛勒堂、郭亭：《新时代劳动精神：何以必需及如何可能？》，《思想理论教育》2021年第5期。

〔德〕黑格尔：《法哲学原理》，范扬译，商务印书馆，1961，第210页。

王惠颖：《劳动教育专业课程体系建设的逻辑框架与实践路径——基于卢曼社会系统理论的分析》，《南京社会科学》2023年第12期。

闫梅、沈冠娟：《高职劳动教育课程体系构建及实施的研究——以山西机电职业技术学院为例》，《江西电力职业技术学院学报》2022年第7期。

课程思政背景下高职院校学生劳动精神培育调查分析[*]

周绍永[**]

摘　要：基于课程思政背景，对高职院校学生劳动精神培育情况予以调查分析。调查发现，部分学生在劳动理论素养、劳动价值认知及劳动价值评估方面存在不足。原因包括新媒介不良信息影响、家庭资本代际转移与社会流动性消解奋斗意志、智能工具依赖及学校劳动教育机构不完善等。应构建课程思政劳动教育"四维浸润"矩阵，打造劳动精神培育"三链耦合"范式，完善"双轮驱动"的可持续发展机制以增强学生劳动精神培育效度。通过体系重构、模式创新与机制保障，实现劳动精神与课程思政的深度融合，提升高职院校学生劳动素养，培养高素质技术技能人才，推动高职院校落实立德树人根本任务。

关键词：劳动精神　高职院校　课程思政

2020年11月24日，习近平总书记在全国劳动模范和先进工作者表彰大会上，全面论述了劳模精神、劳动精神、工匠精神的内涵，其中对劳动精神的内涵提炼为"崇尚劳动、热爱劳动、辛勤劳动和诚实劳动"[①]四个方面，为全面理解和践行劳动精神提供了方向和指导。自2022年5月1日起，新修订的《中华人民共和国职业教育法》正式实施，新法明确提出"将新技术、新工艺、新理念纳入职业学校教材""培育劳模精神、劳动精神、工匠精神""弘扬劳动光荣、技能宝贵、创造伟大的时代风尚"，成为职业院校开展劳动精神培育的制度依据。高职院校是培养应用型技能人才的教育阵地，让学生热爱专业、乐于学习、善于创新，全面深入开展劳动精神培育活动，既是新时代培养合格技术技能型人才的应然之举，也是践行"五育并举"教育理念的具体体现。因此，开展对高职院校劳动精神培育情况的调查分析，在教学实践中探寻行之有效的措施，

---

[*]　基金项目：本文系云南省教育厅科学研究基金项目资助项目"课程思政融入高职院校学生劳动精神培育与实践路径研究"（项目编号：2024J1555）的阶段性研究成果。

[**]　周绍永，硕士，德宏师范学院副教授，主要研究领域为思想政治教育与国际关系。

[①]　习近平：《在全国劳动模范和先进工作者表彰大会上的讲话》，《人民日报》2020年11月25日。

实现用劳动精神教育引导高职院校学生形塑正确的劳动观念、自觉践行劳动价值、提升劳动技能目标，对推动高职院校落实立德树人根本任务具有积极意义。

一 问卷基本情况

为真实把握高职院校课程思政教学中劳动精神的培育与效果真实状况，笔者以问卷星形式选取两所高职学校作为调查样本，共有1209名学生有效完成了问卷。调查内容主要分两部分，第一部分是被调查学生基本情况，包括性别、年级、专业、家庭经济状况、生源地等。在1209名被调查学生中，男生255人，女生954人；家庭经济状况宽裕的23人，有点宽裕的102人，不大宽裕的635人，不宽裕的449人；生源地为城镇的107人，为农村的1102人。第二部分为调查主题内容，主要从三个方面进行调查，即调查高职院校学生对劳动内涵与价值的理解与认识情况、学生对劳动精神内涵的认识情况以及通过学生调查了解学校课程教育教学中对劳动精神教育培育与实训情况。

二 基于调研数据的高职生劳动精神培育现状解析

劳动精神是马克思主义劳动理论的重要组成部分。"新时代的劳动精神，是广大劳动者为实现美好生活需要，在劳动中彰显激昂向上的态度、不畏艰险的信念和锐意进取、艰苦奋斗的精神风貌。"[①] 但是，长期以来，社会生活中向"钱"看的观念以及急功近利的评价机制使一部分人形成了一种轻贱劳动、不愿长期付出的扭曲的劳动观念，产生了"一夜暴富，享乐安逸""精致利己主义"等消极的人生态度。结合调研数据，高职院校部分学生在劳动精神培育实效性方面存在以下现实表现。

（一）学生劳动理论素养有提升空间，对劳动与自然、社会、人关系的认知不够深入

马克思主义认为，"劳动的本质，把对象性的人、现实的因而是真正的人理

---

① 储水江、高雅：《论高职院校新时代劳动精神培育的价值与路径》，《思想理论教育导刊》2021年第11期。

解为人自己的劳动的结果"①，把人与劳动相联系考察劳动的本质和人的本质，人的劳动促成人的生成性与历史性。人与人的不同主要以"人的劳动过程、劳动关系和劳动产品的差别进行区分，把握人的本质应从人的劳动全过程和劳动方式来把握"②。与社会人有关联的家庭关系、经济关系、政治关系、法律关系等都是人在具体的劳动实践中建立的，各种社会关系的广度和深度在某个时间刻度上是考察社会人劳动价值质量的重要指标。一段时间以来，学校教育中"劳育"的弱化，让青年学生在自我意识的塑造阵地中没有建立起完整的劳动理论体系，对劳动在人与自然、人与社会、人与人关系互动中的作用未有深刻认知，部分学生在潜移默化中成为社会中急功近利、走捷径式的人生发展观念的附从者。在被问及"劳动能否把人和动物直接区分开来"时，参与学生有近23%的选择不太同意或完全不同意，而在对"劳动既要开发利用自然，也要维护自然生态平衡"的判定中，有73%的学生选择完全同意，但是还是有26%的学生选择基本同意，不太同意或不同意的占比近1%。还有在被问及"实现人的自由全面发展，必须通过人自身的劳动和奋斗"时，有近69%的学生选择完全同意，有近29%的学生选择基本同意，有近2%的学生选择不太同意和不同意。从调查数据分析，参与调查的学生对问题指向的理论标准认知主流是正确的，但是也反映出学生在看待劳动调节个人、自然、社会关系，促进人的自由全面发展方面存有迟疑，不能科学地认知劳动的作用，有个别学生甚至持否定态度，在认识态度上完全背离马克思主义深刻主张的实践标准。

(二)部分学生对劳动价值的认知尚需引导，劳动参与的积极性与劳动育人目标存在阶段性差异

新时代的劳动精神直接彰显了"爱岗敬业、勤奋务实、诚实守信、艰苦奋斗的从业要求与精神气质，爱岗敬业、勤奋务实是劳动精神的基本要求，诚实守信、艰苦奋斗是劳动精神的立足基点"③。考虑到高职专业学生对调查旨向理解的差异性，问卷对劳动精神理解培育效果的问题设计围绕劳动体验、劳动高

---

① 《马克思恩格斯文集》第1卷，中共中央马克思恩格斯列宁斯大林著作编译局译，人民出版社，2009，第205页。
② 张明海、欧彦宏：《论新时代大学生劳动精神的培育》，《湖南科技大学学报》（社会科学版）2022年第1期。
③ 郑子君：《劳动精神在新时代的内涵和价值》，《人民论坛》2021年第7期。

低贵贱、劳动与个人幸福方面进行。从感性化的问题设计中调查学生对劳动的体验时，学生对正向的定性问题"我在劳动中能够得到愉悦的积极体验"，有52%的学生选择完全同意，44%的学生选择基本同意，不太同意和不同意的占4%，而负向调查学生体验时，学生在看待"劳动是一种被迫性和强制性活动，让人感到痛苦"的定性问题时，有高达33%的学生选择完全同意和基本同意，有近67%的学生选择不太同意和完全不同意，正负向的问题调查说明学生从感性认知上一大部分学生对劳动有排斥的态度或者至少秉持冷感的态度。对劳动的层次差异认知方面，在被问及"无论是体力劳动还是脑力劳动，都应该受到尊重和赞扬"以及"劳动没有高低贵贱之分，任何职业都能出彩"时，不认同的学生占2%，基本认同的占19%，而完全认同的占79%。学生对劳动高低贵贱的认识主流是积极的，但还是有部分学生基于现实客观实际保持等级之分的认识。从结果性调查劳动与个人发展幸福的认识方面，学生对"'不劳而获'是幸福的"观点判断，有近17%的学生选择完全认同和基本认同，83%的学生选择不太认同和不认同。"'人生在勤，勤则不匮'，幸福不会从天降，美好生活靠劳动创造"[①]，但从学生对劳动最美丽的崇尚度、热爱度的情感态度认识调查分析，以应用型技能培养为目标的高职院校，在人才培养过程中有必要以专业培养为导向，在课程教学中融入劳动精神教育内容，提高学生对劳动的正向情感认知。

（三）部分学生劳动价值评估呈现个体本位与工具理性交织特征

人生观中的个人价值体现需将自然人放置在对社会的贡献度中来考察才能体现人的发展意义，抛弃社会贡献度，单方面地谈个人从社会中获取的物质财富，有违社会主义核心价值观要求，与社会主义道德要求格格不入。学校劳动精神培育的目的，就要归结到"劳动是人创造财富、获得社会认同与追求幸福的重要源泉，促使热爱劳动、珍惜劳动成果的社会主流价值观内化为个体价值情感"[②]进行开展。问卷围绕劳动实践目的、社会需要、国家发展需要设问调查。在被问及参加劳动实践的目的方面，学生在多项选择中选择比较多的是"为了完成课程任务，赚取生活费，丰富生活体验，增强自己的社会竞争能力"，

---

① 习近平：《在知识分子、劳动模范、青年代表座谈会上的讲话》，《人民日报》2016年4月30日。
② 曾俊、吴龙仙：《马克思劳动观对劳动精神教育的建构意义》，《江苏海洋大学学报》（人文社会科学版）2021年第5期。

占比近85%。而选择"回馈社会，提高自己的社会责任感"一项的只有15%。而对"我愿意为了国家需要，去一些艰苦地区和行业工作"的选择结果，有近15%的学生选择不愿意和不太愿意，85%的学生选择基本愿意或完全愿意。对"实现中华民族伟大复兴还需要我们每个人付出更为艰巨、更为艰苦的努力"一项的选择中，有97%的学生选择认同，但还有3%的学生选择不太认同和不认同。从调查数据分析，80%以上的学生在确认自己的人生价值观中，能秉持个体对社会的自觉付出或非自觉付出中衡量自己的社会价值，但还是有10%左右的学生，在面对国家、社会需要时，在态度认知上不能做到与历史同向、与国家同行，学生还抱持个体本位的认知态度，以工具理性思维方式衡量自己参与社会活动的价值意义。

三 学生劳动精神培育不彰的原因分析

"劳动萌发人的意识，劳动是人的意识的源头和发展动力。"[1] 人的精神意识在其头脑中的形成不是天生固有的，是人本身在具体的社会劳动实践中生发的观念意识，它指导和推动人走向成熟。外在的环境作用于人的具有差异化的认知系统，在个体人身上沉淀具有不同的内容品质，展现不同的心理机能和行为表现的精神产品。普遍良善的外在环境能对一定时期某个地域范围的群体形塑激人向上的观念意识，但缺乏良善机制规制的社会氛围定会让身处其中的人吸收到误入歧途的观念意识。探寻学生劳动精神意识培育不彰之因，需以现代日益开放的信息环境为大背景，寻找造成高职学生劳动精神意识形塑错位的短板。

（一）以网络为主导的新媒介传递的不良信息影响学生对劳动的价值判断

在数字化生存成为常态的媒介化社会中，以短视频、社交平台、算法资讯为代表的新媒介，通过其特有的传播机制重构着青少年的劳动价值认知体系。这种认知重构不仅涉及劳动价值的解构与再建构，更形成了与社会主义核心价值观相悖的认知偏差，其影响机制体现在以下几个方面。

---

[1] 黄磊、曲建武：《劳动精神的生发与弘扬——基于劳动与精神关系的分析》，《湖南社会科学》2022年第6期。

1. 资本逻辑主导下带来的劳动叙事异化

网络媒介以平台资本化的运行逻辑，将劳动价值纳入流量经济的价值换算体系。算法推荐机制通过用户画像精准推送"日入过万的摆摊攻略""五分钟速成理财课"等去技能化叙事，使劳动的价值维度被简化为即时性收益的数字符号。这种传播模式印证了卡斯特提出的"流动空间"理论①——资本通过数据流动重构社会关系，将劳动者的主体性异化为可量化的行为数据。当"00后"群体日均触媒时间超过6.8小时,② 持续接触此类"劳动成果与劳动过程割裂"的媒介景观，极易形成"劳动投入—产出非线性关系"的认知定式。

2. 消费主义符码对劳动意义的置换

新媒介通过符号化生产完成劳动价值的消费主义重构：一方面将职业尊严与奢侈品消费、网红打卡等符号绑定，建构出"快递小哥逆袭霸道总裁"的叙事模板；另一方面利用虚拟技术消解体力劳动的实体价值，使屏幕前的年轻学子产生"键盘替代铁锹"的劳动认知幻觉。波德里亚的符号消费理论③在此得到验证——媒介制造的拟像世界使劳动沦为表演性符号，真实劳动过程中的汗水伦理被美颜滤镜遮蔽，导致青年学生形成"劳动尊严＝流量变现能力"的价值误判。

3. 认知框架偏移引发的价值判断危机

新媒体环境通过三个机制动摇劳动价值认知根基。一是认知基模污染，即碎片化传播瓦解劳动价值的系统性认知，将复杂的社会分工简化为"带货主播VS厂妹"的二元对立，如"学历贬值"话题下几十万条短视频形成的认知累积。二是替代性经验植入：班杜拉的社会学习理论④指出，青少年通过观察网红"睡后收入"形成替代性强化，降低对实体劳动的价值预期。三是元认知能力削弱。信息茧房导致认知校验机制失效，使"读书不如当网红"等失真判断获得许多年青世代受访者的情境性认同。人力资源社会保障部发布的《制造业人才规划指南》显示，2025年制造业十大重点领域人才缺口近3000万人，缺口率达48%，而《短视频直播机构中新青年群体就业情况调查报告》显示，新青年群体成为短视频直播机构员工的核心部分，过半数短视频直播机构聘用新青年群

---

① Castells M., *The Rise of the Network Society*, Wiley-Blackwell Press, 2010, pp.56-59.
② 中国互联网络信息中心：《第51次中国互联网络发展状况统计报告》，2023。
③ Baudrillard J., *The Consumer Society: Myths and Structures*, Sage Press, 2014, pp.45-47.
④ Bandura A., *Social Foundations of Thought and Action*, Prentice-Hall Press, 1986, pp.112-115.

体超50%。结构性就业矛盾背后折射出劳动价值认知的媒介化扭曲，破解这一困局，需构建"媒介素养教育+劳动实践体验"，在符号狂欢中重建劳动价值的本体论意义。

（二）家庭资本代际转移与社会流动性消解青年学生的奋斗意志

在风险社会与消费主义双重语境下，学生原生家庭的资本积累模式与中国社会的去贫困化进程，正通过隐蔽的价值传导机制弱化青年学生的奋斗内驱力。这种意志消解遵循"生存焦虑消弭—价值参照系重置—主体能动性弱化"的作用链条。可从以下两个层面进行理解。

1. 从家庭资本代际转移视角理解

布迪厄的文化资本理论[①]揭示，完成经济脱贫的家庭往往陷入"补偿性教养"误区，将物质保障异化为风险规避工具。这种过度保护机制导致青年学生形成"前摄性依赖"，将父辈积累的经济资本误读为永久性安全网，削弱其突破阶层的原始动力。中国家庭追踪调查（CFPS）2022年数据显示，家庭年收入20万元以上的青少年选择"接受低挑战性工作"的比例较普通家庭高出37.6%，印证了物质保障与奋斗动力的负向关联。

2. 从社会结构的去贫困化通过制度性庇护催生"流动惰性"视角理解

在社会精准扶贫政策使绝对贫困发生率下降的情况下，青年学生在缺乏生存压迫感的成长环境中，难以激活代际传递的苦难记忆。这导致桑德尔所指的"优绩主义陷阱"[②]——将社会流动视作制度保障的必然结果，而非个人奋斗的应得回报。问卷中，在被问及"在学习和生活实践中，你能否做到脚踏实地地将每一件事情做好，不投机取巧"时，有62%的学生明确表示能做到，但还是有36%的学生对自己信心不足，甚至还有2%的学生明确表示做不到学习工作中的脚踏实地。高职院校学生群体中"躺平族"群体产生，折射出奋斗伦理在制度庇护下的持续性耗散。

（三）智能工具依赖消解学生积极进取劳动精神的培育

在人工智能与物联网技术深度嵌入教育领域的当下，智能学习工具的普及

---

① Bourdieu P., "The Forms of Capital," *Handbook of Theory and Research for the Sociology of Education*, 1986, pp. 241-258.

② Sandel M. J., *The Tyranny of Merit: What's Become of the Common Good?* Farrar, Straus and Giroux Press, 2020, pp. 89-92.

正引发"技术便利性悖论"。一方面,自动化工具显著提升知识获取效率。另一方面,其通过"认知外包"与"身体退场"机制,悄然重塑学生的劳动认知模式。智能工具的过度依赖不仅弱化了传统劳动教育强调的"手脑并用"原则,更与马克思所揭示的"劳动创造人"的本质命题形成尖锐对立。可从动手动脑深度绑定的认知消解、劳动价值异化两个层面,诠释智能工具依赖对学生劳动精神培育的结构性冲击。

1. 动手动脑深度绑定的认知消解:引发劳动实践的"去身体化"危机

智能工具通过三重机制瓦解劳动教育所需的动手动脑深度绑定的学习基础。一是神经可塑性抑制,即学生长期依赖智能工具完成各种实习实训任务,大脑控制手部精细动作的区域因缺乏练习而"变懒",神经网络连接逐渐退化,最终导致实际动手能力下降,如长期用计算器做题,心算能力会变差,用语音输入代替手写提笔忘字,书写速度变慢。二是感知觉钝化。比如,学习者经常使用3D打印技术替代手工制作,会导致学生对材料质地、重量反馈的敏感度下降,违背杜威"经验连续性"教育原则。① 三是疼痛耐受退化。理工科专业学生过于依赖智能手套传感器代替徒手劳动,会使手掌皮肤敏感度和轻微磨损伤痛感知强度降低。

2. 劳动价值异化:从创造主体到技术附庸

在实训车间里,数控机床的轰鸣声掩盖了手工锉刀的摩擦声,3D打印机取代了传统模具雕刻,智能焊接机器人让焊枪操作逐渐成为"历史技能"。这种技术升级看似提升了教学效率,却也悄然引发劳动价值的深层异化。学生从"技术创造者"退化为"设备操作工"。这种异化表现为三重割裂。一是技能断层。学生擅长操作智能设备界面,但面对设备故障时束手无策。如自动化生产线实习生中,学生可能无法在系统死机时切换至手动模式维持生产。二是认知错位。劳动成果被归因于"设备先进性"而非"人的创造力"。如建筑专业学生普遍认为 BIM 软件能自动生成结构图,却会忽视力学原理的手工验算过程,可能会导致毕业设计存在隐性风险。三是意义消解。劳动成就感被简化为"技术指令执行度"。烹饪专业学生通过智能炒菜机完成菜品,会简单认为火候控制只是参数设置问题,而丧失了对食材特性与风味关联的感知能力。问卷数据表明,100%的学生都有借助智能工具开展完成学习任务,在实操性强的作业任务中,87%的

---

① Dewey J., *Experience and Education* (Free Press, 2015), pp.33-35.

学生表示有部分借助或完全借助智能工具。借助智能化工具完成学习任务，本意是使 AI 工具发挥学习助手的作用，但是现实是成为学生"全职保姆式"的学习管家，所谓学习过程的艰辛以及习得的幸福体验，对于有学习工具依赖心理的学生而言只是一次无效的学习过程，这极大地弱化了学生对劳动精神的体验感知以及价值导向的认同。

（四）学校劳动教育机构、课程体系及教育实施手段不完善

当前，高职院校劳动教育存在机构虚置、课程割裂与实施异化等问题。《中国职业教育质量年度报告（2023年度）》显示，76.8%的高职院校未设立劳动教育专门管理机构，58.3%的产教融合项目中劳动教育内容缺失。这种系统性缺陷导致高职教育"重技能轻素养"倾向凸显，学生沦为"工具化操作者"而非"全面发展的技术劳动者"。

1. 职能管理机构缺失导致劳动教育功能不彰

高职院校劳动教育依附于学工处、教务处或校企合作办公室，处于没有专职部门、没有专项预算、没有专业师资的"三无"状态。《中国职业教育质量年度报告（2023年度）》表明，"双高计划"院校里92.4%的由辅导员兼任劳动教育指导教师，且其专业培训率不到15%。管理及机构缺失还导致校企协同失效，如汽车制造专业与4S店合作的"学徒制"项目，劳动安全教育模块可能会被企业以影响工作效率为由剔除。

2. 课程体系与专业教育严重脱节

高职劳动教育课程存在"双重割裂"。一方面，公共基础课中的劳动通识教育大多使用通用教材，与专业群特征契合度不高。另一方面，专业课程中的劳动元素挖掘不足，一些专业核心课程标准中未包含"劳动风险辨识""工匠精神评价"等指标，课程考核评价主要集中在"卫生清洁""志愿服务"等表层维度，还未真正达成"以劳育人"的本质目标。

3. 教育实施陷入"技术至上"误区

高职劳动教育实施在现实中呈现三种异化倾向：企业将学生当作廉价劳动力的"以产代教"，用技能竞赛奖牌替代劳动过程评价的"以赛代劳"，以虚拟仿真实训替代实操的"以虚代实"。一项针对某智能制造专业的调研显示，学生在工业机器人操作中仅需点击触摸屏完成指令，71.3%的受访者无法说清设备机械原理，82.6%的认为"劳动创新就是优化程序参数"。① 这种"去身体化"的实践导致劳动教育价值空心化，陷入"技术至上"的误区，学生无法在"掌握劳动技能的同时获得人生的价值感和自适感"。②

四 以课程思政为抓手，增强学生劳动精神培育效度的路径分析

新时代高职教育肩负着培养高素质技术技能人才的重要使命，劳动精神作为职业素养的核心构成，其培育成效直接影响人才培养质量。教育部出台的《高等学校课程思政建设指导纲要》（以下简称《纲要》）明确提出"将价值塑造、知识传授和能力培养融为一体"的要求，为劳动教育与课程思政的深度融合提供了政策指引。因此，要从课程思政建设的内在逻辑出发，结合高职教育类型特征，在体系重构、模式创新、机制保障三个维度，探讨劳动精神培育的实践路径。

（一）体系重构：构建"四维浸润"的课程思政劳动教育矩阵

1. 专业课程的劳动价值浸润

依据《纲要》"分类推进课程思政建设"原则，在专业课程中系统设计劳动价值观浸润点。如在装备制造类专业嵌入"工艺标准与工匠精神"模块，通过数控加工精度误差分析，引申至航天精密制造领域的大国工匠案例，使技术标准习得与职业价值认知同步深化。这种课程设计契合《纲要》提出的"工程伦理教育与专业技术教育相结合"要求，实现劳动精神培育的专业化落地。

2. 实践课程的场景再造

重构"企业课堂+思政导师"双元实践体系，在顶岗实习环节增设劳动价值观观察量表。以建筑类专业为例，在测量实训中设置"毫米精度与职业尊严"专题研讨，邀请项目总工解析测量误差对工程质量的连锁影响，将劳动态度教

---

① 中国教育科学研究院编著《中国职业教育质量年度报告（2023年度）》，高等教育出版社，2025。
② 王鑫明：《高职院校实施劳动教育课程的创新性思考》，《教育理论与实践》2020年第27期。

育具象化为可感知的职业情境。① 这种改造使《纲要》强调的"实践教学与思政教育同频共振"要求获得载体支撑。

3. 通识课程的结构优化

开发"劳动哲学与技术伦理"校本课程群，采用模块化设计串联马克思主义劳动观、传统工匠文化、现代产业精神三大主题。其中"智能制造时代的劳动价值"单元，通过工业机器人应用案例辨析技术迭代中人的主体性地位，回应《纲要》"培养学生精益求精的工匠精神"的核心关切。

4. 隐性课程的场域营造

建设"工匠精神文化长廊+虚拟工厂体验中心"立体化育人空间，将劳动价值观具象化为可交互的教育符号。如可在汽车维修实训基地设置"扭矩扳手使用规范与职业操守"警示标识，使工具操作标准转化为职业道德认知的物质载体，实践《纲要》"使各类课程与思政课程同向同行"的协同理念。

（二）模式创新：打造"三链耦合"的劳动精神培育范式

1. 教学链：项目化课程思政设计

创建"技术问题、劳动情境、价值选择"三位一体的教学模型。在电子信息类专业"PCB板焊接"实训中，设置"虚焊隐患与质量责任"情境，引导学生从工艺缺陷分析延伸至华为供应链质量管控案例研讨。这种设计将《纲要》"挖掘专业知识体系中的思政元素"要求转化为具体的教学行为，使劳动精神培育获得方法论支撑。

2. 评价链：发展性劳动素养测评

构建"过程性观察+增值性评价"指标体系，开发劳动精神培育效果诊断工具。按照《纲要》"建立科学评价体系"的要求，设计出"工具规范（技能维度）、质量意识（态度维度）、创新表现（发展维度）"三级观测指标，校企双导师联合实施动态评价以实现劳动价值观培育的可视化诊断。

3. 协同链：产教融合育人共同体

构建"课程共建—师资共培—基地共享"的校企协作机制。与智能制造企业合作开发"工业4.0劳动伦理"系列微课，将企业生产标准转化为教学案例。

---

① 《高等学校课程思政建设指导纲要》，教育部网站，http://www.moe.gov.cn/srcsite/A08/s7056/202006/t20200603_462437.html。

如某高职院校与航天企业共建"精密装配工匠班",提炼火箭发动机装配工艺里的"零缺陷"要求为课程思政要素,实践《纲要》"推动课程思政建设与产教融合协同发展"的创新路径。

(三)机制保障:完善"双轮驱动"的可持续发展机制

1. 教师发展机制

推动"课程思政能力认证计划"的实施,建立"劳动教育专题培训+企业实践学分积累+教学创新工作坊"三维培养体系。打造课程思政教学案例库,定期开展"劳动价值观融入专业课"教学竞赛,促进《纲要》"提升教师课程思政建设能力"要求取得实质性成效。

2. 质量保障机制

借助第三方建设劳动精神培育质量监测平台,依托大数据技术追踪学生劳动价值观发展路径。将课堂表现数据、企业实习评价、创新创业成果等多源信息相融合,建立劳动素养发展预警模型,达成《纲要》"建立健全多维度的课程思政建设成效评价体系"的质量闭环。

3. 制度创新机制

将劳动精神培育融入专业认证标准,在人才培养方案中设置"课程思政劳动教育"学分模块。设立劳动教育创新基金,重点支持"新技术与劳动伦理""职业精神与产业转型"等交叉研究项目,形成《纲要》倡导的"课程思政建设长效机制"。

(编辑:徐佳)

参考文献

习近平:《在全国劳动模范和先进工作者表彰大会上的讲话》,《人民日报》2020年11月25日。

习近平:《在全国劳动模范和先进工作者表彰大会上的讲话》,人民出版社,2020。

《马克思恩格斯文集》第1卷,中共中央马克思恩格斯列宁斯大林著作编译局译,人民出版社,2009。

张明海、欧彦宏:《论新时代大学生劳动精神的培育》,《湖南科技大学学报》(社会科学版)2022年第1期。

郑子君：《劳动精神在新时代的内涵和价值》，《人民论坛》2021年第7期。

习近平：《在知识分子、劳动模范、青年代表座谈会上的讲话》，《人民日报》2016年4月30日。

曾俊、吴龙仙：《马克思劳动观对劳动精神教育的建构意义》，《江苏海洋大学学报》（人文社会科学版）2021年第5期。

黄磊、曲建武：《劳动精神的生发与弘扬——基于劳动与精神关系的分析》，《湖南社会科学》2022年第6期。

Castells M., *The Rise of the Network Society*, Wiley-Blackwell Press, 2010, pp. 56-59.

中国互联网络信息中心：《第51次中国互联网络发展状况统计报告》，2023。

Baudrillard J., *The Consumer Society: Myths and Structures*, Sage Press, 2014, pp. 45-47.

Bandura A., *Social Foundations of Thought and Action*, Prentice-Hall Press, 1986, pp. 112-115.

Bourdieu P., "The Forms of Capital," *Handbook of Theory and Research for the Sociology of Education*, 1986, pp. 241-258.

Sandel M. J., *The Tyranny of Merit: What's Become of the Common Good?* Farrar, Straus and Giroux Press, 2020, pp. 89-92.

王鑫明：《高职院校实施劳动教育课程的创新性思考》，《教育理论与实践》2020年第27期。

《高等学校课程思政建设指导纲要》，教育部网站，http://www.moe.gov.cn/srcsite/A08/s7056/202006/t20200603_462437.html。

Dewey J., *Experience and Education* (Free Press, 2015), pp. 33-35.

中国教育科学研究院编著《中国职业教育质量年度报告（2023年度）》，高等教育出版社，2025。

中小学劳动教育实践指导手册编写的十个关键问题[*]

欧阳修俊[**]

摘 要：《义务教育劳动课程标准（2022年版）》是中小学劳动教育实践指导手册编写的直接依据。中小学劳动教育实践指导手册编写应以国家课程标准为纲，依据区域需要开发适合学生使用的内容。基于课标要求，结合劳动教育实践指导手册编写的实践与反思，认为劳动教育实践指导手册编写应从价值、目标、内容、实施上关注十个关键问题。从编写价值上关注区域"一般"和区域"特殊"的张力，处理好"劳"与"德、智、体、美"的关系；在编写目标上承载劳动课程要培养的核心素养，强化劳动与教育的有机统一；从内容选择上注重基于课标精选劳动素材，融合发展传统工艺与现代工艺，实现学段衔接中的主体与内容并重，以便于劳动课程与学科课程互动整合；从实施保障上注重预设"家—校—社"一体化劳动教育环境，保障手册中"教—学—评"的一致性，以期为劳动教育实践指导手册编写提供有益参考。

关键词：劳动课程标准 劳动教育 劳动教育实践指导手册 教材编写

课程标准是劳动教育实践指导手册编写和劳动教育实施的直接依据。劳动教育实践指导手册是劳动教育有效实施的重要保障。2022年4月，教育部印发了《义务教育课程方案和课程标准（2022年版）》，旨在全面落实立德树人根本任务，进一步落实劳动教育。这次《义务教育课程方案（2022年版）》（以下简称《方案》）明确将"劳动"从综合实践活动课程中独立出来，作为独立课程设置，并单独发布了《义务教育劳动课程标准（2022年版）》（以下简称《课标》）。《课标》明确了劳动课程的性质、理念、目标、内容、实施等内容，并专门提出了"教材"编写意见。"教材"的核心要义在于为教学活动有序展开提供合逻辑的材料。《教育大辞典》对"教材"作出的界定为"教师和学生据

---

[*] 本文系广西哲学社会科学研究课题"广西城乡义务教育融合发展的现实问题和治理机制研究"（课题编号：23BSH006）研究成果。

[**] 欧阳修俊，人民教育出版社博士后，副教授，主要研究领域为课程与教学论。

以进行教学活动的材料,教学的主要媒体。通常按照课程标准(或教学大纲)的规定,分学科门类和年级顺序编辑,包括文字教材(含教科书、讲义、讲授提纲、图表和教学参考书等)和视听教材"①。显然,这里的"教材"是从广义上而论,本文也主要是关注文字教材,特别是关于劳动教育的实践指导手册。由于劳动教育存在区域、对象和实施条件的差异,且该门课程具有较强的实践性,我们将在劳动课程实施过程中使用较为广泛的"劳动教育实践指导手册"作为劳动教育教材的基本形态加以探究。本文中的劳动教育实践指导手册是指中小学(义务教育阶段)教师和学生据以进行劳动教育教学活动的合逻辑材料,是劳动实践的主要媒介。积极组织中小学劳动教育实践指导手册编写是推进劳动课程付诸实践的重要环节,是教师和学生开展劳动教育的重要凭借。因此,中小学劳动教育实践指导手册编写是在学校有效实施劳动课程的重要条件。《方案》要求"教材编写须落实课程标准的基本要求",因此,研究基于《课标》要求和教材编写的内在逻辑,从指导手册编写所关涉的价值、目标、内容选择和实施保障等方面问题进行思考,并以现有的几套劳动教育教材为分析文本②,结合笔者参与劳动教育实践指导手册编写的实践与反思,认为义务教育阶段劳动教育实践指导手册编写应注意以下十个关键问题。

一 如何把握区域"一般"和区域"特殊"的张力

中国地大物博、疆土辽阔、差异明显,这为中小学劳动教育实践指导手册的编写提供了多样选择,也为其广泛适用带来了挑战。不同区域自然环境、文化背景、生活方式的差异,要求指导手册编写应考虑劳动教育实施条件及其制约因素。《课标》也指出要"注重从时令特点和区域产业特色出发,选择工农业生产劳动内容"。这表明中小学劳动教育实践指导手册编写应关注区域差异,选择彰显区域特色的内容,从城乡二元结构和区域文化差异等立场出发,处理好"一般"与"特殊"的问题。具体要注意以下几点。

---

① 教育大辞典编纂委员会编《教育大辞典》(第1卷),上海教育出版社,1990,第282页。
② 当前,根据《中共中央 国务院关于全面加强新时代大中小学劳动教育的意见》、教育部《大中小学劳动教育指导纲要(试行)》编写并已出版的教材主要有人民出版社出版的《劳动》、商务印书馆出版的《劳动》、湖南教育出版社出版的《劳动教育》、北京理工大学出版社出版的中小学劳动教育课程教材《劳动教育》以及各个省份编写的部分适用本省的教材。

一是在劳动项目的设计与编排上，不宜过于凸显劳动内容的单一文化性，可选择已发展为多民族认同、区域间共同"流通"的内容。比如，"打油茶"是瑶族的饮茶习俗，现在"油茶"逐渐发展成为桂北地区甚至整个广西各地各民族欣然接受的特色美食，是一种独特的"茶文化"，这种具有区域特色并被广泛接受的劳动项目可编入劳动教育实践指导手册。

二是在编写区域性劳动教育实践指导手册时的文字表达，应符合国家通用语言文字规范，确实要使用的地方方言文字需加以注释和举例。例如，劳动工具在不同的地区有不同的表达习惯，这就应以通用语言表达为准，同时进行开放性设计，既给通用语言文字推广拓宽道路，也给不同语言表达留下传承空间。

三是在劳动教育实践指导手册编写过程中劳动知识和技能的呈现上，要编制可供不同区域创造性实践的内容。例如，《课标》中"烹饪与营养"任务群中，指导手册可设计蒸、煮、炒等宏观技能的内容，至于具体做什么菜、用什么食材，应只编写建议而不宜具体规定。

四是考虑国家、地方以及校本劳动教育实践指导手册之间的互补关系。劳动教育实践需要国家层面做劳动教育材料编写宏观指导，以适用区域的地方劳动教育实践指导手册为主，以校本劳动教育实践指导手册为辅，方能有效促成劳动教育落地实施。只有积极编写区域性劳动教育实践指导手册，才能充分发挥区域优势，也才能真正让劳动课程落地。而诸如劳动项目、劳动周以及劳动日的设计，还需从学校条件和客观环境出发，编写校本指导手册作为地方劳动教育实践指导手册的补充，以更好地让劳动教育落地生根，发挥实效。

二 如何维护"劳"与"德、智、体、美"的关系

劳动教育与"德育、智育、体育和美育"关系密切，融合共生。"劳动教育对五育的系统性、融合性、融通性、整体价值性，具有本质的解释力和承载力。"[①]《课标》也指出要"注重挖掘劳动在树德、增智、强体、育美等方面的育人价值"。这要求中小学劳动教育实践指导手册编写应坚持"五育并举"，体现综合育人价值[②]，将"手册"作为引领载体，挖掘"五育育人点"：在学术逻

---

① 徐长发：《新时代劳动教育再发展的逻辑》，《教育研究》2018年第11期。
② 郝志军、王鑫：《加快形成中国特色高质量教材体系——习近平总书记关于教育的重要论述学习研究之三》，《教育研究》2022年第3期。

辑上应阐明劳动教育对树德、增智、强体、育美的独特功能，在实践逻辑和历史逻辑上应明晰劳动教育与"德育、智育、体育和美育"共同促进人的全面发展的合理性，[1] 充分揭示"德、智、体、美、劳之间的辩证关系，弥补劳动教育在'五育'中长期缺位和实质性短板"[2]。因此，在编写中小学劳动教育实践指导手册过程中要做到学术逻辑、实践逻辑和历史逻辑的有机统一，选入"德、智、体、美"相关内容。

首先，劳动教育具有促进学生道德养成的价值，热爱劳动本身就是一种美德。劳动教育实践指导手册应将道德知识、道德情感、道德意志、道德行为与劳动项目相结合进行设计，以潜移默化的方式促进学生道德成长。如在指导手册各个内容环节插入与道德相关的知识、劳动故事，包括道德概念、道德判断和道德推理能力，让学生在劳动中明辨是非、区分善恶；还可专门设计"如何爱上劳动"的专题讨论板块，以提升学生的劳动情感共鸣和道德体验；设计具有道德冲突内容的劳动项目，以培养学生的劳动自律性和自我控制能力；设计具有丰富道德行为训练的劳动主题，以培养学生的劳动行为规范。

其次，劳动教育具有促进学生知识增长的价值，劳动教育实践指导手册编写要将理论知识与劳动实践有效衔接，通过劳动实践检验和强化学生的理论知识。例如，在编写植物嫁接劳动项目时，可以先设计"嫁接"知识的学习，再呈现实践活动内容；或先设计指导学生实践的内容，再总结"嫁接"知识以解释说明；还可以设计在实践活动过程中讲解"嫁接"知识。

再次，劳动教育是关涉"身体"的实践活动，在手册编写过程中应设置学生"出力流汗"的评价指数，达到身体育人的目的。因而劳动教育实践指导手册要提示学生身体活动的动作，设计学生劳动实践的过程，达成"出出汗"的效果。例如，在"种植劳动"项目中，不仅要明确"翻"土、"浇"水等动作词语，还要明确劳动的强度，以实现身体育人目的。

最后，劳动教育具有促进学生审美形成的价值，劳动教育实践指导手册不仅要注重内容编排的美感，还要选入符合审美价值的素材和样品（包括文字、图像和人物等），尤其是要选入具有"美"的元素的劳动样品，以引导学生制作出"美"的劳动作品。例如，在传统工艺制作任务群中，木工制作中可以设计

---

[1] 郑金洲：《劳动教育的"自立性"辨析——兼谈黄济、瞿葆奎先生的为学与对劳动教育的论辩》，《教育研究》2021年第2期。

[2] 康翠萍、龚洪：《新时代中小学劳动教育课程的价值旨归》，《教育研究与实验》2019年第6期。

"中国馆"、天坛、侗族鼓楼等具有中国气派的美丽建筑。

三 应充分考虑如何推动劳动素养落地生根

"核心素养导向是课标的灵魂,是贯穿课标文本的主旋律,也是课标研制工作的主线。"① 《课标》指出"劳动课程要培养的核心素养(即劳动素养)包括劳动观念、劳动能力、劳动习惯和品质、劳动精神"。劳动素养是新时代劳动教育目标的根本指向,是劳动课程实施的学理依据。② 因此,中小学劳动教育实践指导手册如何承载劳动课程培养的劳动素养的持续性和整体性,成为手册编写要着力解决的问题,关注这个问题可以从以下两个方面着手。

一方面,劳动教育实践指导手册编写要注重劳动素养的"连续性"融入。劳动素养并非与生俱来,而是逐渐生成,这要求劳动教育实践指导手册编写应立足劳动素养的持续性设计。第一,要加强劳动素养在"时间"维度的连续设计。劳动教育时间的永恒性与核心素养培养的持续性存在内在契合。③ 由此,在劳动教育实践指导手册编写过程中要将各时间段所培养的劳动素养联系起来。比如,劳动观念培养应该贯穿每个课时、每个年级、每个学段,直至学生真正热爱劳动。又如,劳动习惯的养成,特别需要"时间"的帮助,因此在手册编写的过程中,可以考虑设计学期或年度劳动记录表,而不应仅仅局限于"课"记录。第二,要考虑劳动素养在"空间"维度的连续设计。比如,劳动品质的形成既不能仅仅依靠学校,也不能仅仅依赖家庭。因此,需要在手册编写过程中注重跨时空的劳动活动设计,把家校社劳动教育有机融合。比如,在设计家庭劳动时可与宿舍内务整体结合起来,在设计学校卫生劳动实践时与家务收拾联系起来。

另一方面,劳动教育实践指导手册编写要注重劳动素养的"整体性"贯通。《课标》指出"核心素养的四个方面相互联系、相辅相成,构成一个有机整体"。这要求劳动教育实践指导手册编写不可偏颇一方,而应从"整体与部分"双重视角加以观照。从"整体"上要注重综合学习设计,实现"四方面素养"发力

---

① 郭华:《落实学生发展核心素养 突显学生主体地位——2022年版义务教育课程标准解读》,《四川师范大学学报》(社会科学版) 2022 年第 4 期。
② 王红、向艳:《指向劳动素养的劳动课程实施及案例分析》,《中国教育学刊》2022 年第 2 期。
③ 刘力波、白秀:《核心素养视阈下的劳动教育探析》,《教育科学研究》2020 年第 8 期。

增效。首先，劳动教育实践指导手册编写要遵循"劳动观念为基，劳动能力为要，劳动习惯与品格为纲，劳动精神为魂"的素养构成逻辑，如项目式学习倡导综合性学习就有助于促进学生综合素养的发展。① 其次，劳动教育实践指导手册编写虽不要求每节课都必须包含四个素养，但至少要从单元上及整本手册去思考各大素养的占比，严格对应素养标准形成合理的素养比例分割。最后，要特别在劳动评价部分彰显出四大素养的整体性，即在每次劳动课程评价中在"侧重素养"培养基础上彰显整体素养，使劳动素养的各个"部分"得到有效呈现，为实现"整体大于部分之和"的劳动素养培养目标提供指引。

四 如何强化"劳动"与"教育"的有机统一

劳动教育是"劳动"与"教育"的有机统一。马克思认为"为改变一般人的本性，使他获得一定劳动部门的技能和技巧，成为发达的和专门的劳动力，就要有一定的教育或训练"②。《课标》也强调要"强化劳动与教育的有机统一"。中小学劳动教育实践指导手册作为劳动教育实施的重要载体，其编写过程要强化劳动与教育的有机统一需解决以下两个问题。

一是要在劳动教育实践指导手册编写过程中处理好劳动与教育的融合性问题。劳动教育立于"劳动"指向"教育"，但"相关研究和实践主要关注的是劳动教育之'教育'……对'劳动'的重视却有所不足"③，造成"劳、教"分离的事实。因此劳动教育实践指导手册编写要注重对"人的存在方式"的观照，在劳动主题和选择上强调学生的可参与性和教育性。例如，农业种植劳动除了要设计基本步骤，还应升华到珍惜粮食，明白"粒粒皆辛苦"的道理。此外，指导手册编写要特别突出内容的教育性与实践性，避免陷入"有教育无劳动"和"有劳动无教育"两个极端。例如，在编写工艺劳动部分内容时，除了应当说明工艺的文化价值，还要说明其基本步骤和关键步骤，最重要的是要基于区域条件和需求，选择满足开展劳动条件的工艺项目，实实在在地把劳动和教育融合起来。

---

① 杨明全：《核心素养时代的项目式学习：内涵重塑与价值重建》，《课程·教材·教法》2021年第2期。
② 〔德〕马克思、恩格斯：《马克思恩格斯全集》（第44卷），人民出版社，2001，第200页。
③ 扈中平：《马克思的劳动异化论对当下劳动教育的启示》，《教育研究》2020年第12期。

二是要在劳动教育实践指导手册编写过程中兼顾教育性与实践性的双重属性问题。教育性强调学生劳动观念、劳动习惯和品质、劳动精神的培养，而不仅仅是以实践为导向的劳动能力提升。劳动教育实践指导手册编写既要设计劳动过程体验的环节，还要彰显劳动教育价值的内容，确保学生在实践中习得正确的劳动价值观，为劳动实践奠定坚实的精神基础。劳动教育实践指导手册编写要强化实践性，就需要在内容编写过程中设置学生直接参与劳动实践的多种可能性，推动学生进入"田间地头"，学习劳动本领。"基于体验的劳动教育过程就不再是知识灌输，而是自下而上的经验生成。"[1] 由此，劳动教育实践指导手册编写应设计学生直接体验和亲身参与的活动，编写具有实践价值的劳动内容，让学生在实践中接受教育。

五　如何基于劳动课程标准精选劳动素材

劳动素材[2]是影响中小学劳动教育实践指导手册质量的基础内容，如何从大量劳动素材中精选具有代表性的劳动素材以保证指导手册质量，是中小学劳动教育实践指导手册编写需要解决的基本问题。指导手册具备教材功能，受众面广，关注度高。因此，基于课标选择中小学劳动教育实践指导手册中的素材应观照思想性、生活性和适宜性。

其一，思想性上要坚持正确的政治方向。坚持正确的政治方向是劳动教育实践指导手册的首要标准，也是核心要义。要引导学生树立正确的世界观、人生观、价值观，尤其要重视与中华优秀传统文化、革命文化、社会主义先进文化相关的劳动素材。

其二，生活性上特别强调素材来源的日常化和情境化。"'去生活化'的劳动教育隔离了学生的精神生活与劳动生活，使其丧失了对智力、道德进行自我判断的可能性。"[3] 因此，《方案》强调"创新教材呈现方式，注重联系学生学习、生活、思想实际"。故而劳动素材应来源于日常生活，立足于生活情境。当

---

[1] 许瑞芳、张宜萱:《具身认知视角下的劳动教育审视:基础、价值与路径》,《教育发展研究》2021年第22期。
[2] 文中的劳动素材是指劳动教材编写所需的材料，包括文字、图像、活动形式等，并非劳动实践过程所需的劳动工具。
[3] 陈斌:《新时代劳动教育的价值旨趣与逻辑转向》,《大学教育科学》2021年第4期。

然，劳动素材从生活中获取并非让劳动素材脱离生活情境而"搬入手册"，而是在手册中创设生活情境。例如，在编制"传统工艺制作"任务群的剪纸活动中，剪纸元素可选择学生现实生活中能够接触到的鸟、树、虫、鱼编入手册，也可以是奥运福娃或图腾符号等。

其三，适宜性上要求素材选择既广泛又独特。就广泛性而言，随着城镇化的推进和智能化的发展，城乡间生活方式的差异逐渐缩小，"乡村社会不断的发展倒逼着乡村学校进行究竟应该教授'什么劳动更有用'的本体与价值考量"[1]，这要求劳动素材选择既要关注城镇发展，也要注重乡村变化，提供满足城乡学校共同需求的劳动素材。就独特性而言，《课标》中提到"课程内容选择应坚持因地制宜，宜工则工，宜农则农"。例如，在编制农业生产劳动的"种植"篇章时，关键不是设计"种植何种农作物"的劳动内容，而应是"如何种植农作物"的劳动技能，为实现学生体验"农时"和"万物生长"生命气象的劳动价值提供可能。

六 如何兼顾传统工艺传承与现代工艺发展

手工劳动是《课标》中的重要内容，其包括传统工艺和现代工艺，编写中小学劳动教育实践指导手册要融合传统工艺与现代工艺。《课标》指出"注重选择体现中华优秀传统文化和工匠精神的手工劳动内容，适当引入体现新形态、新技术、新工艺等的现代劳动内容"。显然，中小学劳动教育实践指导手册编写需处理好传统工艺与现代工艺的关系。

传统工艺与现代工艺之间是相辅相成、互相成就、互动发展的关系。"特定技术、工艺，是属于'传统'还是'现代'的划分标准主要是时间。"[2] 由此可以认为，过去的工艺是"传统"，现在的工艺是"现代"。事实上，现代工艺实质上是一种现代化的"传统工艺"，是由传统工艺与现代科学技术融合发展而成的"新工艺"，从传统工艺到现代工艺只是范式的转化，目的在于优化工艺本身。正如库恩所言，"范式之所以获得了它们的地位，是因为它们比它们的竞争

---

[1] 欧阳修俊、谭天美：《乡村学校劳动教育课程变革的挑战与方向》，《中国教育学刊》2019年第8期。

[2] 李楠：《传统工艺与现代科学技术的融合：关系、模式与发展对策》，《科学管理研究》2018年第6期。

对手能更成功地解决一些问题"①。可见,传统并非代表落后,其中的优秀文化基因可与现代科学技术结合得以传承。我们应在劳动教育实践指导手册编写过程中积极释放传统工艺的优良特质以促进现代工艺发展。那么,如何编写才能促成传统工艺与现代工艺融合发展?我认为可以从以下两个方面努力。

一方面,需要关注传统工艺的现代价值,将传统工艺与新技术结合并写入手册。优良的传统工艺是"坚守"而不是"保守"。这意味着劳动教育实践指导手册在选择传统工艺时要充分考虑价值传承,去其糟粕,取其精华,融古出新。例如,在木工制作项目的编写中,需要明确木工制作的操作流程和要求,保持木工传统的技术和方法,保留传统的榫卯结构及其工艺,但是在木块的切割、打磨方面,可设计现代化劳动工具的使用建议,以提高制作效率。

另一方面,要注重现代工艺的科学性与技术含量,符合学生对现代工艺的认知和理解。"劳动形式更新影响着教育内容的选择"②,与传统劳动形式相比,现代劳动形式更突出脑力劳动。为此,"要适应时代发展的趋势和劳动形态的变化,优化劳动教育课程体系,拓展劳动实践活动项目,突出劳动教育的'技术含量'"③。例如,现代工艺的"技术含量"逐步从机械化向智能化发展,这就要求劳动教育实践指导手册的内容适应劳动形态的新变化,将现代工艺与智能化融合编入手册之中。

七 如何做到学段衔接中的主体与内容并重

中小学劳动教育实践指导手册应基于学生认知发展特点和劳动课程特点进行编写,做到"整体规划、系统设计、全面协调,使不同学段之间的课程教材纵向衔接"④。中小学劳动教育实践指导手册体现学段衔接应坚持以学生发展为根本,以劳动教育内容为根基,实现学段衔接中学生主体与劳动内容的双重观照。

---

① 〔美〕托马斯·库恩:《科学革命的结构》,金吾伦、胡新和译,北京大学出版社,2012,第19页。
② 位涛、刘铁芳:《劳动意涵的历史演变与劳动教育的当代实践》,《国家教育行政学院学报》2022年第3期。
③ 吴玉剑:《论劳动教育与时代新人培养》,《教育理论与实践》2021年第27期。
④ 余宏亮:《建设教材强国:时代使命、主要标志与基本路径》,《课程·教材·教法》2020年第3期。

其一，劳动教育实践指导手册编写应关注学生认知发展特点，坚持"学生视角"的学段衔接。《方案》强调"关注学生认知发展特点，强化教材学段衔接"。这要求"坚持由近及远、由表及里、由浅入深的原则"[①]，编制符合学生发展阶段的劳动项目。在小学阶段，低年级学生由幼儿园初入小学，需要一定的"缓冲期"，在编写时要注重劳动项目的游戏化设计，满足学生童心需求；中年级学生身心得到一定发展，应当注重劳动项目的探索性设计，满足学生的好奇心；高年级学生的认知能力进一步发展，此时应注重劳动项目的知识性设计，满足学生的求知心。在初中阶段，劳动教育实践指导手册的内容设计既要与小学有效衔接，又要凸显初中生的认知发展特点，让学生在手册指导下学会自觉、主动地学习，保障劳动学习的全面性与持续性。

其二，劳动教育实践指导手册编写应关注劳动课程内容特点，坚持"实践内容"的学段衔接。劳动教育实践指导手册编写在劳动实践层面的学段衔接主要考虑实践内容的垂直分布和水平分布。实践内容垂直分布是指从小学一年级到高三年级的逐级上升原则，其讲求连续性和顺序性。例如，关于"整理与收纳"任务群从一年级到九年级都需设置具体任务，这就需从垂直方向考虑每个年级安排什么内容，才能体现出由易到难的认知规律。故而从小学到初中、初中到高中，各阶段劳动教育内容间有内在联系，以"连续进阶"形式给予学生合适的劳动教育内容，避免无意义重复呈现。实践内容的水平分布是指在同一年级阶段的劳动内容板块划分问题，是为了保障每个年级的劳动实践学习内容的整合性。例如，劳动教育实践指导手册编写要同时考虑日常生活劳动、生产劳动和服务性劳动三大类劳动任务群在每个年级的分布，让实践内容的内在逻辑在年级间可以有效整合。

八 如何促成劳动课程与学科课程互动整合

劳动素养培养不是"单打独斗"，应寻求与其他学科课程的共生点。中小学劳动教育实践指导手册编写过程中要考虑"学科素养"的融入问题，因为"学

[①] 黄忠敬、吴洁、唐立宁：《中国离 2030 年可持续发展教育目标还有多远——基于义务教育课程标准的分析》，《教育研究》2019 年第 2 期。

校教育不仅需要培育学习者的'学科素养',也需要培育学习者的'跨学科素养'"①。《课标》指出要"设立跨学科主题学习活动,加强学科间相互关联,带动课程综合化实施,强化实践性要求"。显然,劳动课程的学科特性决定其可以承载不同学科知识,实现劳动课程与学科课程互动整合。劳动课程与其他学科课程互动整合,包括在学科课程中挖掘劳动教育内容和在劳动课程中融入学科课程内容两类。就中小学劳动教育实践指导手册编写而言,重点应关注如何在劳动课程中融入其他学科课程内容,以彰显劳动课程与学科课程互动整合的独特价值。

一是劳动教育实践指导手册中可以设计具有跨学科主题的劳动项目,尤其是劳动周、劳动日应当进行精心的跨学科主题设计。指导手册编写应当给其他学科的融入提供引导,也可以适当"留白",以给学科融入留足空间。例如,在编制生产性劳动主题类劳动项目过程中,可以建议学生到农田、养殖场等劳动教育基地,将生物、地理、科学等课程的相关知识渗透到劳动实践中。

二是劳动教育实践指导手册中的"评价栏目"可采用跨学科评价方法设计。指导手册中的评价栏目不仅有评价结果的作用,也能够反过来推动过程更加科学完善。如果在指导手册的评价部分专门关注跨学科学习评价指标体系,就能给学习者提供相应的引导,驱动师生主动开展跨学科主题学习。例如,可以设计"写作""绘画"等方式评价学生劳动体验。

三是将其他学科知识作为劳动素材"植入"劳动教育实践指导手册中。这就要求指导手册编写过程中要注意研读相关学科教材,主动与相关学科进行融合。例如,在劳动教育实践指导手册中插入关于劳动的名人名言或劳模故事,语文学科关于勤劳的课文,生物课中杂交水稻之父袁隆平先生的实验过程等都可以以知识小贴士的形式融入进来,以影响学生劳动精神。当然,我们也需辩证对待不同课程的整合情况,切不可强行整合,不讲逻辑,应见机而作,顺势而为。

九 如何预设"家—校—社"一体化劳动教育环境

学校是劳动教育的执行主体,家庭和社区教育是必要补充。"家庭、学校、

---

① 钟启泉:《基于"跨学科素养"的教学设计——以 STEAM 与"综合学习"为例》,《全球教育展望》2022 年第 1 期。

社会三个劳动教育主体，是一种友好的伙伴关系，是一个紧密的合作共同体。"①《课标》指出"学校在实施劳动课程时要始终以开放的姿态，积极与家庭和社区紧密合作，构建'家庭—学校—社区'一体化劳动教育环境"。因此，中小学劳动教育实践指导手册编写要重视家庭和社区的育人功能，在手册编写过程中明确"家—校—社"劳动教育责任。

首先，要为学校人力和物质资源整合编入劳动教育实践指导手册留足空间，以便于引导学生有效利用学校的劳动资源，满足校内劳动教育实践需求。一是在劳动教育实践指导手册中明确学校教师如何协同参与劳动实践活动的要求。例如，"劳动日"可编制以"职业体验"为主题的劳动项目，让学生扮演学校管理者角色，体验管理者岗位职责，并编制建议为"学校教职人员作为'培训者'，简要讲解与介绍一天的工作内容"。二是在劳动教育实践指导手册中明确学校物质资源使用，以充分利用校内劳动场域，营造良好的校园劳动氛围。例如，"清洁与维护家电"主题的劳动项目，劳动教育实践指导手册可设计清洁与维护学校电器，包括电风扇、电灯、电脑等。

其次，在劳动教育实践指导手册中明确家长育人责任，让家长依据手册协同开展劳动教育指导。一是劳动教育实践指导手册要设置"家校联系任务栏"，"布置"家长指导任务，让家长可以在手册指引下与学生合作完成家庭劳动任务。二是在劳动教育实践指导手册中落实家长"监督"模块，保障学生家庭劳动安全，让学生在家庭劳动中得到"经验"授受。三是在劳动教育实践指导手册中编制家长引导的劳动建议，让有条件的家长给学生提供职业体验机会，明确家长的辅助与指导责任，给学生和家长共同参与劳动实践活动预留空间。

最后，劳动教育实践指导手册编写应立足社区资源，为社区资源进手册留足空间，鼓励社区协同开展劳动教育指导。一是在手册中设置参与社区劳动的可能任务，将具备独特劳动技能的各类社区人员（非遗传承人、劳动模范等），以及社区场地、环境等资源作为开放性劳动素材编入手册中。二是在劳动教育实践指导手册中设置社区协同开展劳动教育的具体内容，让社区"责任主体"有"任务"，如劳动实践指导、评价等，以保障社区真实、有效、全面参与劳动教育。

---

① 谭轹纱、简天凤：《劳动教育的家校社协同育人实践》，《中国教育学刊》2021年第5期。

十　如何保障劳动课程实施中"教—学—评"的一致性

劳动教育评价是反映学生核心素养达成情况的重要手段,是评判劳动教育效果的重要工具。《方案》强调"注重实现'教—学—评'一致性",给学生提供完整的劳动教育;《课标》也专门增加了"学业质量评价"部分。显然,中小学劳动教育实践指导手册编写过程中如何有效设计劳动教育评价,保障"教—学—评"一致性非常重要。

一方面,劳动教育实践指导手册编写应基于学业质量标准要求,保障"教—学—评"一致性。学业质量是课程培育核心素养的具体表现。《方案》指出:"各课程标准根据核心素养发展水平……形成学业质量标准……为教材编写、教学实施和考试评价等提供依据。"由此,落实劳动课程的学业质量标准就是要强化"劳动素养"意识,以劳动素养为纲编写劳动教育实践指导手册,选择最具有劳动素养培养价值的内容并进行结构化组织。学业质量重点指学生学完相应内容单位后,必须形成的核心素养的相应内涵和具体表现,这意味着劳动教育的学业质量标准为"评"学生劳动素养提供了重要依据。由此可见,劳动教育实践指导手册依据学业质量标准编写,即确立评价"标准",检验劳动素养的养成情况,充分发挥其保障"教—学—评"一致性的作用。

另一方面,要保障"教—学—评"一致性,劳动教育实践指导手册编写应注重综合评价,实现评价内容多维、评价方法多样、评价主体多元。具体而言,第一,在编写指导手册中的评价部分内容时,理应对劳动素养的评价内容进行全面设计,引导教师从单一的劳动成果评价转向劳动素养评价。第二,在劳动教育实践指导手册编写过程中应采用多样的评价方法,既要关注劳动成果,更要关注劳动过程。例如,在设计"劳动展评台"专栏以展示劳动成果的结果性评价时,同时设计过程性评价专栏——"劳动日志汇"。第三,劳动教育实践指导手册编写要"以多元主体参与为动力,强调充分发挥教师和学生作为指向核心素养的课程评价主体作用"[1]。例如,编写评价量表要以教师评价和学生自评为主,将同伴互评、家长评价、社区评价等多元主体纳入评价体系。

综上所述,中小学劳动教育实践指导手册编写涉及面广、工作繁杂,需多

---

[1] 徐彬、刘志军:《指向核心素养的课程评价探析》,《课程·教材·教法》2019年第7期。

方人员参与、多方资源整合、多方矛盾化解。基于《课标》编写中小学劳动教育实践指导手册是劳动教育有效实施的第一步。通过对中小学劳动教育实践指导手册编写进行思考，希望能为劳动教育材料编写提供有益经验，为劳动教育高质量实施助力。

（编辑：汪明）

体用范式纾解高校劳动教育课程形式化之困*

王 辉 仲 会 辛清婷**

摘 要：当前，高校劳动教育面临教学内容单一化、方法陈旧化、评价应试化等形式困境，导致"体""用"分离，偏离立德树人核心目标。基于中国哲学"体用范式"，提出"体用合一"纾困路径：以劳动精神塑造为"体"，以课程体系建设为"用"，推动二者深度融合。针对"体用分离"症结，构建三重策略：其一，以目标达成为体、素养培育为用，强化师资培训与课程实践性融合；其二，以劳动意识为体、生产实践为用，构建知行合一的体验式教学模式；其三，以方法创新为体、多元评价为用，建立过程与结果结合的考核体系。研究表明，"体用范式" 为破解高校劳动教育形式化问题提供了理论支撑与方法论指导，助力实现劳动价值观内化与实践能力提升的双重目标，培养新时代全面发展的高素质劳动者。

关键词： 体用范式 劳动教育 课程建设

党的十八大以来，习近平总书记立足于新时代的历史坐标，围绕劳动及劳动教育发表了一系列重要论述。中共中央、国务院发布的《关于全面加强新时代大中小学劳动教育的意见》明确强调，新时代的劳动教育是塑造社会主义建设者和接班人劳动精神、劳动价值观和劳动技能的关键路径，也是中国特色社会主义教育体系的核心组成部分。[①] 全国众多高校积极回应党中央号召，确立劳动教育目标，开设劳动教育必修课程，组织各类劳动实践活动，并将其融入人才培养方案。通过实施多元化的策略，旨在引导大学生坚定树立马克思主义的

---

* 基金项目：西北农林科技大学 2024 年校级研究生教改项目（项目编号：JXGG24137）"基于'五育并举'到'五育融合'背景下探究研究生综合测评的有效路径"。

** 王辉，硕士，西北农林科技大学马克思主义"三农"理论研究中心研究助理，主要研究领域为马克思主义理论；仲会，硕士，西北农林科技大学学生资助管理中心讲师，主要研究领域为思想政治教育；辛清婷，硕士，西北农林科技大学草业与草原学院党委副书记兼副院长，主要研究领域为思想政治教育。

① 林贤明、臧安琪：《马克思主义理论视域下劳动教育的内涵、意义及实践路径》，《福建技术师范学院学报》2022 年第 1 期。

劳动观念，实现自我价值的认同，构建起人格自律的坚实防线，培育他们勤奋耐劳、勇于奋斗的劳动精神，同时提升学生的社会责任感和担当意识。

然而，在劳动教育课程的实施过程中，依然遭遇到了一些挑战。教学管理部门和授课教师工作的形式偏向，导致了教学内容的单一性、教育方法的陈旧性以及评价体系的不完善等劳动教育课程建设困境，从而使得学生将劳动教育课程定义为"水课"，导致学生缺乏足够的重视，进而影响了教育效果的真实性和有效性。借鉴中国哲学史上的"体用合一"思想清晰地理解事物本质与现象之间的联系，可以为高校劳动教育课程的建设提供深刻的洞见。应用于劳动教育中，劳动教育的核心目标可被视为"体"，而教学内容、方法、评价体系等则构成了"用"。只有当"体"与"用"紧密结合，劳动教育才能真正发挥其作用，培养出适应新时代需求的社会主义建设者和接班人。①

一 "体用"范式的理论内涵及劳动教育"体用合一"的应然逻辑

"体用合一"这一概念源自中国哲学史上的核心议题，涉及本体与现象、主体与客体之间的关系。在《荀子·富国》中，"体"和"用"首次并提，分别指代"形体"和"功用"。随着时间的推移，学者们将"体"与"用"联系起来使用，形成了一个固定的思维模式。在体用关系中，形而上的本体（体）与形而下的现象（用）共同构成了世界，其核心在于本体的恒常不变与现象的不断变化，强调了本体与现象的区分及其相互作用的重要性。体用关系在不同的历史时期和社会背景下展现出多样性和复杂性。例如，《老子·二五章》中"人法地，地法天，天法道，道法自然"体现了"体""用"的相对价值序列；《原强》中"推求其故，盖彼以自由为体，以民主为用"则阐释了第一性与派生性的关系；《贺麟新儒学论著辑要》中"'精神为体，文化为用'落实于文化行为模式，便是'以体充实体，以用补助用'"，用以表达内在本质与外在表现的关系。②体用关系不仅广泛存在于古代儒家思想的道德伦理之中，也在中西方文化交流的整合过程中得到了体现。随着时代的变迁，体用关系经历了不断的转

---

① 秦梦琦、张永飞：《新时代劳动育人的意旨、困囿与澄清》，《教学与管理》2022年第30期。
② 穆军全、李莉：《"体用"范式下高校课程思政改革的理论省思》，《中国农业教育》2020年第3期。

变与调整，但它作为一种关键的思维方式和理论工具，在现代社会中仍然发挥着重要的作用。"体用"作为文化学者在认识客观世界、探讨文化现象时常用的一对概念，构成了一个具有方法论意义的理论体系，主要用来指导人们理解现实世界复杂事物的内在联系。"体用"的思想在先秦时期萌芽，在六朝时期达到成熟。它从魏晋时期的玄学、隋唐时期的佛学，到宋明时期的理学，乃至近代的"保种保教"运动，一直是中国学者分析问题的重要工具。中国传统体用范式对于当今的文化建设依然具有很强的指导意义。[1]

习近平总书记多次强调要在全社会大力弘扬劳模精神、劳动精神，让"劳动光荣、创造伟大"成为时代的强音，让"劳动最光荣、劳动最崇高、劳动最伟大、劳动最美丽"蔚然成风，这是马克思主义劳动观的重要发展，也是新时代党对劳动教育的根本要求。劳动与实践是人类社会存在的根基，二者之间有着密不可分的联系。劳动是推动人类社会生产力发展的根本，而实践则是将劳动观念转化为具体行动的关键环节。将劳动教育视为培养全面发展的高素质人才的关键途径，有助于学生树立正确的马克思主义劳动观，让他们亲身体验劳动，从而培养对劳动的尊重、热爱和崇尚。"体用范式"虽然在不同的历史时期和社会背景下有不同的解释和应用，但在本质上始终强调了本质与现象、内在与外在的统一关系。对于劳动教育而言，"体用范式"提供了一种理解教育目标与实践之间关系的方法论框架。在劳动教育中，"体"可以被视为劳动教育所要实现的核心目标——培养学生的劳动精神、价值观和技能，而"用"则是达到这些目标的具体教学内容、方法和评价体系。"体用范式"在历史的动态变化中，"体"往往被认为是相对恒常不变的，但"用"却随着社会环境的变化而不断调整。这意味着劳动教育的目标应该保持稳定，即培养学生正确的劳动观念和社会责任感，而其教学方法、内容和评价标准则需要根据时代的需求进行更新。王夫之提出的"相与为体"的交互体用论模式表明，"体"和"用"之间存在互动和依赖的关系。投射在劳动教育实践中，教育目标的设定应当与具体的教育活动紧密结合，二者共同作用以促进学生全面发展。

深刻领会劳动教育中的"体"与"用"的关系，紧紧把握培养全面发展的社会主义建设者和接班人的核心要求，"体""用"趋同合一，能够使劳动教育

---

[1] 李莉、穆军全：《"体用"范式下建党精神融入高校育人体系的机理探析》，《黑龙江教育》（高教研究与评估）2024年第4期。

更清晰地确立其核心价值,并确保所有教育活动都围绕这个中心展开,从而避免形式主义和单一性的陷阱。教学管理部门和授课教师等劳动课程教学的参与者应积极吸收先进的理念和方法,深入洞悉劳动教育中的"体"与"用"的关系,优化教学评价导向,提升课程内容质量,改进教育教学方法,从而解决课程形式化的问题,实现推进高校劳动教育课程建设、培养全面发展的高素质人才的目标。

二 "体""用"分离下高校劳动教育课程困境

在中国哲学的范畴体系里,"体"与"用"这一对概念总是相伴出现,它们之间存在着紧密的联系和相互依赖性。朱熹曾用生动的比喻阐释了"体"与"用"的关系:"耳是体,听是用;目是体,见是用。"到了20世纪,我国杰出的哲学家和思想家熊十力,主张本体论、宇宙论、认识论和人生论的融合,极力推崇"体用不二"和"即体即用"的哲学思想,深入地揭示了"体"与"用"之间相互依存的本质,强调二者是不可分割的。

劳动教育课程作为素质教育体系中相对较新的必修科目,正面临诸多挑战。一方面,专业素养高的教师资源不足。另一方面,评价体系和教学内容的广泛性也是一大难题。[①] 为了解决这些问题,一些高校开始从学生工作队伍中选拔兼职教师来负责劳动教育课程的教学。但是,这种做法也引发了一些问题。这些兼职教师通常缺乏足够的教学经验,学术能力有待提高,且教学方法未能与时俱进。因此,在劳动教育的实际教学中,出现了重"体"轻"用"、有"体"无"用"、不知"体""用"的形式化教学现象,学生被动地接受劳动教育理论知识,忽视真正的劳动技能和劳动精神,无法将所学知识应用于实际生活。这种"体""用"分离的现象,不仅损害了劳动教育课程的教学效果,也不利于学生的全面成长。

(一)教学内容单一,重"体"轻"用"纯理论

高校劳动教育课程往往依赖传统讲授模式,不出教室完成劳动教育的教学。

[①] 曲霞、胡玉玲、李珂:《劳动教育本科专业建设的核心任务与紧要问题》,《中国大学教学》2024年第11期。

以西部某农业高校为例，劳动教育类课程的教学任务主要由素质学院负责，由学工干部兼职教师承担。该校在拥有高校教师资格证的学院党委副书记和辅导员等学工干部中选拔授课教师，这些教师在参加集中教学技能培训和教研组的日常培训后，承担起"劳动教育理论"课程教学任务。以该课程为例，有学生在问题反馈中表示："劳动教育理论课程内容确实丰富多样，包括劳动的基本概念、劳动与社会发展的关系、劳动技能的培养以及劳动精神的塑造等方面。但是，目前的课程教学内容主要是教育理论，这让我们无法深刻体会到劳动理论与实践是紧密相连、不可分割的。"这种直接而深刻的体验感受获得了班级同学的普遍认同。课程教师期望借讲授理论知识、价值理念和精神追求，在不知不觉中影响学生的思想意识和行为。但在实际教学中，学生眼中的劳动教育课程充满抽象的概念和原理，教师要花费大量时间讲解，学生也得花费大量时间死记硬背。

究其原因主要是学工干部兼职教师常常面临行政与教学的双重压力，由于学生工作的烦琐性及其作为主要工作职责，以及教学效果评估的主观性和复杂性，部分教师未能严肃认真地对待教学，可能仅以普通教师的底线标准来履行教学职责。这种以底线思维开展的教学工作，首先是缺乏具体的实践案例运用，尤其是忽视与学生紧密联系的平凡而伟大的劳动者和劳动事迹，难以让学生将理论与实践相结合，从而无法深刻理解和真切感受劳动的价值。其次是缺乏个性化与差异化引导。在高校劳动教育实施过程中，授课教师往往采用统一的教学大纲与授课模式，未充分考量不同专业学生的特性与需求差异。尤其是对于理工科专业学生而言，理工科教育侧重技术实操与发明创造类劳动，使得学生在面对大量理论阐述时感到枯燥乏味，无法激发其内在潜能。最后是教学资源匮乏，限制教育成效拓展。一方面是劳动教育实践场地等硬件欠缺，另一方面是优质配套软件资源等缺乏，如缺乏结合当下社会热点、高校所在地区特色的鲜活案例，难以引发学生共鸣。教师以底线思维开展教学工作，会忽视劳动课程设立对于社会主义国家建设发展培养合格建设者和接班人的根本任务。[①] 这使得教师难以准确把握新时代高校劳动教育课程的内容之"用"、教育之"体"，导致重"体"轻"用"纯理论等现象屡见不鲜，进而使得劳动教育课程设立的本质、目的发生偏移。

---

① 周召婷、周兴国：《数字劳动教育的本义探寻与实践要点》，《教学与管理》2024 年第 30 期。

(二)教学方法陈旧,有"体"无"用"填鸭式

在高校劳动教育的实施过程中,过分依赖传统教学模式的问题尤为突出。这种现象主要体现在课程设计上过度注重理论知识的传授,而忽视了实践环节的重要性,导致学生对劳动的理解停留在表面层次,无法深刻体会劳动的实际价值和意义。一些教师在实施劳动教育课程时,趋向于形式主义,将其简化为单一的理论讲授,缺乏运用启发式的教学方法。在课堂上,这些教师往往只是机械地照本宣科,提问方式也显得僵硬,未能充分考虑到学生的个性化需求、主体性以及创新思维的培养。"劳动教育理论"课程教学很少安排或缺乏足够的实践活动来让学生亲身体验劳动的过程,使得学生们虽然掌握了一定的理论知识,但缺少将这些知识应用于实际生活的机会,难以真正理解劳动背后所蕴含的价值观和社会责任感。以西部某农业高校劳动教育课程为例,16%的受访学生表示"学生参与劳动的环节拘泥于形式,效果微弱",14%的学生认为"劳动教育实践活动内容片面,形式单一,劳而不育",这样的课程设置让他们感觉不到与现实生活的联系,也无法通过实际行动去验证和发展自己所学到的知识(见图1)。这种认识上的偏差不仅影响了学生的学习积极性,也不利于培养其真正的劳动技能和劳动精神。[1] 教师直接向学生灌输知识,导致学生只能被动地接受,这种做法忽视了激发学生思维活力的重要性,最终演变为传统的填鸭式教学。

此外,在劳动教育课程中,应试式教学和放羊式教学现象屡见不鲜。在应试式教学模式下,教师通常以考试为中心,将大量知识点生硬地灌输给学生,导致学生为了高分而机械记忆,完全忽视了劳动教育的真正意义。而放羊式教学则走向了另一个极端,教师对学生缺乏必要的引导和管理,任由学生自由散漫,使得劳动教育课程变得空洞无物。在这种自上而下的知识灌输模式中,教师处于绝对的主导地位,而学生则被动地接受知识。平等交流的缺乏导致学生的思考和意见往往得不到充分的展现和尊重。这一系列问题揭示了教育形式化的根本问题,它们过分强调了理论知识的"体",却忽略了实践应用的"用"。"有形无实"的教学模式无法点燃学生的求知欲望和探索精神。在被动接受知识

---

[1] 初金哲、刘传雷:《数字技术赋能高校劳动教育发展的实践路径》,《沈阳大学学报》(社会科学版)2024年第5期。

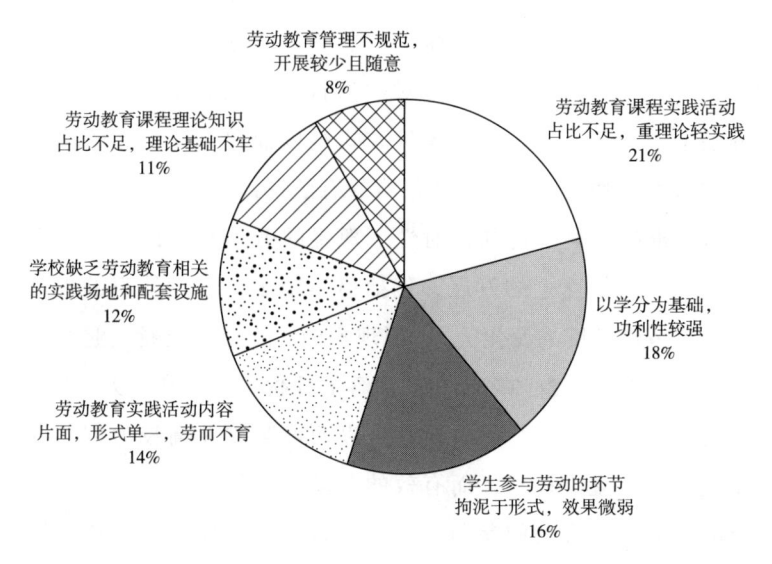

图 1　西部某农业高校劳动教育课程学生问题反馈

的过程中，学生缺少主动探索的驱动力和兴趣，难以对劳动教育产生真正的热情和投入。[①] 若这种情况持续，长期处于学生被动状态的高校劳动教育将沦为纸上谈兵。学生虽然掌握了一定的理论知识，但无法将其应用于实际，无法真正领悟劳动的价值和意义，极易造成学生的理论与实践脱节。因此，可能会阻碍学生主动思考的能力，难以形成深刻的认同感，这可能导致他们无法树立正确的马克思主义劳动观，甚至在观念上轻视劳动，产生对普通劳动者的不尊重。

（三）教学评价弱化，不知"体""用"核心观

在劳动教育的实施过程中，运用侧重结果导向的传统评价模式成为其发展的瓶颈。传统的评价体系即通过考试成绩或作业完成情况来衡量学生的学习效果，而忽略了对学生学习过程中的体验、参与度和实践能力的评估。这种弱化的教学评价方式不仅无法全面反映学生的实际能力和进步，还容易引导学生将注意力集中在如何获得高分上，而不是真正理解和内化劳动的价值与意义。

一是缺乏对过程性评价的重视。劳动教育的"体"在于培养学生的劳动精神、价值观和社会责任感，这些都不是可以通过一次性的考试或任务来充分展

---

① 庞瑞华、芮鸿岩：《五育融合视域下高校劳动教育的功能指向、达成路径与评价体系研究》，《江苏高教》2024 年第 10 期。

示的。然而，在实践中依赖于期末考试或项目报告等终结性评价的现象依然存在，在受访学生反馈的劳动教育课程问题中"以学分为基础，功利性较强"的占比达到18%，充分反映了评价体系对学生日常劳动表现、态度转变以及技能提升的过程性记录的忽视。这样的评价方式难以捕捉到学生在整个学期内的成长轨迹，也无法为教师提供改进教学策略的有效反馈。

二是评价标准缺乏科学性和针对性。理想的劳动教育评价体系应当能够准确地衡量学生在不同维度上的发展，包括但不限于对劳动知识的理解、对劳动技能的掌握、对劳动态度的变化等。[①] 但现实中，由于缺乏统一且科学的评价标准，同一所学校内部不同教师对于相同内容的评价可能存在较大差异。

三是忽视了多元主体参与的重要性。以西部某农业高校为例，劳动教育课程采用封闭式的教师主导评价，而有效的劳动教育评价不应仅仅由教师单方面进行，而是应该鼓励多方共同参与，如学生自评、同伴互评以及家长和社会各界的意见收集。这样做不仅可以使评价更加客观全面，还能增强学生对自己行为负责的意识，并促进家校社之间的良性互动。

四是未能体现"体""用"结合的核心理念。正如前述，"体"指的是劳动教育的根本目的——塑造社会主义建设者和接班人的劳动精神、价值观及技能，"用"则体现在具体的教学内容、方法和评价体系之中。理想状态下，二者应该是紧密相连、相辅相成的关系。但在现有的评价实践中，却常常出现重"体"轻"用"或有"体"无"用"的现象，即过分关注理论知识的传授而忽视实践操作，或者反过来，只强调实践活动却缺乏对其背后价值观念的深入挖掘。

劳动教育的核心不仅仅是让学生掌握理论知识，更重要的是培养学生的劳动意识、劳动习惯和劳动能力，让学生在实践中领悟劳动的价值和意义，从而树立正确的劳动观和价值观。以分数为导向的评价体系和理论教学过分强调结果，忽略学生学习过程中的体验和感悟。[②] 这种体系很可能使学生忽视劳动本身的价值和意义。在这种忽视"体""用"核心关系的教学评价体系下，学生忙于应对期末考试。即便学生最终获得了高分，也不足以证明他们真正达到了劳动教育的目标。

---

① 黄秋婷：《工匠精神视角下高职院校"四四"劳动教育模式的实践探究——以广西生态工程职业技术学院为例》，《高教论坛》2024年第9期。

② 董永新、杜建国、纪海龙：《新时代劳动教育：内涵演变、现实困境与路径选择》，《现代教育》2024年第8期。

三 "体用合一"的高校劳动教育课程建设

《周易·系辞上传》中阐述:"显诸仁,藏诸用,鼓万物而不与圣人同忧,盛德大业至矣哉。"这段话深刻揭示了"体用合一"的哲学思想。其中"显诸仁,藏诸用"所传达的含义,表明"体"与"用"二者相辅相成,只有这样,才能释放出巨大的协同效应。劳动教育不仅是知识的传授,更是要着力培养学生的实践能力、创新精神和社会责任感。作为劳动教育的具体实施者,教师必须具备扎实的专业知识、丰富的教学经验以及高度的责任感。在推进高校劳动教育课程建设进程中,有效提升教师队伍的整体素质和教学水平,必须积极探索并建立一套更为科学合理的劳动教育教学制度,为学生提供更优质的劳动教育。[1]

(一)目标达成为"体",素养培育为"用",相与为体

解决教育形式化问题的关键之一在于应用先进的教育方式方法。[2] 探索合理且切实可行的"用",以实现以"用"巩固"体"的效果,这正是劳动教育课程建设的核心所在,也是激发学生学习劳动教育课程的关键因素。针对高校劳动教育中出现的教学内容单一、重"体"轻"用"的问题,提升教师的教学素养之"用",以促进劳动教育课程的教学目标之"体",促进劳动教育课程质量提升。

一是强化教师教学素养。提升专业能力,通过系统化的培训和进修计划,增强学工干部兼职教师的专业知识和技术技能;邀请劳动教育领域的专家举办讲座和设立工作坊,分享最新的研究成果和实践经验。鼓励学术研究,支持教师参与科研项目,特别是关于劳动教育的研究,以提高他们对这一领域的深入理解,并将研究成果融入日常教学中。优化考核机制,建立科学合理的教师评价体系,不仅关注教学效果,还重视教师在学生思想意识和行为影响方面的贡献。同时,减轻行政负担,使教师能够更加专注于教学质量和创新。

二是丰富课程内容,加强实践应用。理论与案例并重,引入真实案例,收

---

[1] 侯树成:《大学生劳动教育存在的困境与实践路径研究》,《教育探索》2024年第8期。
[2] 陈广辉、杨静、杨雨洁:《新文科背景下高校劳动教育课程实施体系建构研究》,《教育教学论坛》2024年第32期。

集和整理贴近学生生活的实际案例,如农业高校可以结合当地农业生产实例,讲述普通劳动者的故事,帮助学生建立理论与现实之间的联系。利用多媒体资源制作生动有趣的教学材料,增强课堂吸引力。

三是搭建资源共享平台,与其他高校或机构合作,共同打造开放式的教育资源库,汇集优质的教学案例、研究论文、多媒体资源等,供师生交流使用,在弥补个别学校资源不足问题的同时,促进跨校际的学术交流和合作。在提升教师教学素养的基础上,丰富课程内容,强化实践应用,拓展教育资源,从而实现"体"与"用"的有机结合,达到劳动教育课程目标。

(二)劳动意识为"体",生产实践为"用",知行合一

劳动教育与实践紧密相连,形成了不可分割的"体""用"关系。实践是劳动教育的重要载体,而劳动教育的实践性尤为关键。根据沙赫特的两因素理论,情绪产生于生理唤起的同时,也包括认知评价。换言之,意识可以通过认知评价来影响行为。劳动意识的"体"在一定程度上决定了生产实践行为的"用",因此,意识与实践的分离不仅会降低教育的有效性,还可能导致教育资源的浪费。以劳动意识的"体"指导生产实践的"用",以生产实践的"用"强化劳动意识的"体",在课程教学中要实现"体""用"相互辅助,促进学生知行合一,培养全面发展的社会主义建设者和接班人。裴斯泰洛齐曾指出,教育应从严肃认真的专业训练开始,这比任何书本教材都更为重要。在中央对劳动教育的新要求中,实践性是劳动教育课程的必备属性。劳动能够培养道德、增长智慧、增强体质、培育美感,它关系到国民综合素质的提升,更关系到党和国家事业的兴旺发达。[1] 陈宝生在《全面贯彻党的教育方针 大力加强新时代劳动教育》中指出,"劳动教育具有鲜明的社会性,要求面对真实的生活世界和职业世界,以动手实践为主要方式……提高自身素养"[2]。在教学过程中重视了"体",却轻视了实际的"用",就必然陷入教育形式化陷阱。任课教师肩负着引导学生树立正确的马克思主义劳动观的重要使命,应让学生深刻领会空谈误国、实干兴邦的深刻道理。教师要牢记教育知行合一的关键要义。首先,转变教学理念,重视劳动意识培养。[3] 通过课程设置和教学内容,向学生传递马克思主义劳动观

---

[1] 夏剑:《学会积极生活:劳动教育的生活价值》,《教育理论与实践》2024年第13期。
[2] 陈宝生:《全面贯彻党的教育方针 大力加强新时代劳动教育》,《人民日报》2020年3月30日。
[3] 潘歆:《劳动教育与思想政治教育的内在耦合性研究》,《教育教学论坛》2024年第18期。

的重要性，强调劳动不仅是个人发展的途径，也是社会进步的动力源泉。其次，改革教学方法，促进知行合一，摒弃传统的填鸭式教学法，采用启发式、探究式等互动性强的教学方法。鼓励学生自主思考、提出问题，并通过讨论、辩论等形式解决问题，增强他们的批判性思维能力和创新精神。① 利用具体案例或模拟场景进行教学，让学生身临其境地体验不同类型的劳动过程。例如，在农业高校可以组织学生参观农场或参与农业生产活动；工科院校则可安排工厂实习或项目制学习，使理论知识具象化，加深理解。通过这些措施解决意识培养与生产实践之间不匹配的矛盾，教师能够更加有效地应对教学任务，提高教学质量，促进学生的全面发展。让学生真正做到知行合一，将意识认知转化为实际的生产实践，为培养全面发展的社会主义建设者和接班人奠定坚实的基础。

（三）方法创新为"体"，评价考核为"用"，脚踏实地

针对劳动教育中教学评价弱化的问题，通过方法创新之"体"指导评价考核之"用"的科学合理化，确保劳动教育的实施既重视过程又关注结果，真正实现知行合一的教学目标。首先要构建全面多元的评价体系。引入成长档案，为每位学生建立个人成长档案，记录他们在整个学习周期中的表现、进步和遇到的挑战。② 这不仅能够提供给教师改进教学策略的有效反馈，还能帮助学生清晰地看到自己的成长轨迹，激励他们持续努力。增加非正式评价，除了传统的考试和作业外，增加诸如项目报告、作品集、在线测试、课堂参与度等非正式评价方式。这些方式可以更加全面地反映学生在不同情境下的表现，尤其是那些难以通过传统考试衡量的能力和态度。强化过程性评价，设计并实施详细的过程性评价指标，包括日常行为观察、阶段性成果展示、自我反思日记等。过程性评价应占总评成绩的一定比例，以鼓励学生重视日常学习和实践积累。其次要多方参与评价，促进综合发展。设立学生互评机制，组织学生之间开展互评活动，互相打分并撰写评语。这种做法不仅能锻炼学生的批判性思维，还能培养他们的团队合作精神和社会责任感。鼓励社会参与评价，邀请实践单位参与到劳动教育的评价过程中来，如通过收集外部评价意见促进形成协同育人的

---

① 赵楷夫、张妍：《新时代劳动教育：功能议题、现实困境与实践路径》，《思想政治教育研究》2024年第4期。
② 郭晨睿、雷鸿、李德光：《"三全育人"视域下高校劳动教育实践路径研究》，《河南教育》（高教）2024年第8期。

良好氛围,同时也能让学生感受到社会各界对劳动价值的认可和支持。[①] 通过上述措施,在创新教学方法的基础上,构建全面多元、科学合理的评价考核体系,坚决防止教育形式主义走过场的现象,真正做到方法创新为"体",评价考核为"用",脚踏实地地推进劳动教育的发展。

四 结语

破解高校劳动教育课程形式化问题,是贯彻落实习近平总书记关于劳动的重要论述的关键举措。同时,这也是培养全面发展的社会主义建设者和接班人的必经之路。深入挖掘"体用"这一在中国哲学史上具有卓越意义的思维范式,对于破解高校劳动教育课程中存在的"纯理论""填鸭式"等形式化问题具有重大价值。

通过运用"体用合一"的思维方式,可以促进授课教师教学能力的提升。一方面,教师能够更加准确地把握劳动教育的本质和目标,将理论知识与实践教学有机结合起来,丰富教学方法和手段,提高教学质量。另一方面,教师可以更好地引导学生树立正确的劳动价值观,激发学生对劳动的热爱和尊重。对于学生而言,破解劳动教育课程形式化问题有助于他们树立正确的劳动价值观。在劳动教育的过程中,学生能够深刻认识到劳动的意义和价值,培养勤俭节约、艰苦奋斗、勇于创新、甘于奉献的劳动精神。同时,学生还能够扎实掌握劳动技能,为未来的职业发展和社会贡献打下坚实的基础。在社会主义伟大实践中,学生们可以凭借正确的劳动价值观和扎实的劳动技能,脚踏实地、扎实前行,积极参与各种劳动实践活动,为实现中华民族伟大复兴的中国梦贡献自己的力量。

(编辑:王慧颖)

[①] 贺永田:《新时代高校劳动教育课程体系建设的逻辑理路与基本原则》,《高教学刊》2024年第17期。

基于 Nvivo 的我国高校劳动教育实施路径与优化策略探析[*]

卓 潇[**]

摘 要：为系统性了解我国高校劳动教育实施现状，本文通过对27所高校发布的劳动教育实施方案文本进行质性分析，从实施保障机制、劳动课程教育、劳动实践教育三个方面详尽分析了现阶段高校开展劳动教育的实施路径和思路。研究发现高校劳动教育实施聚焦保障支持系统的构建和完善、劳动教育课程的开发和融合、劳动实践课程创新和整合三个核心模块内容。存在劳动场地和经费保障方面的关注不足、劳动教育研究和教学资源的整合开发不充分、劳动实践育人体系不平衡等问题。高校需在劳动场地保障、专项经费设立、师资队伍建设、教育教学研究、家校社协同等方面进一步加强和完善。

关键词：劳动教育 实施保障机制 劳动课程教育 劳动实践教育

一 引言

劳动教育是以促进学生形成劳动价值观和养成良好劳动素养为目的的教育活动。[①] 随着社会的进步与教育理念的更新，劳动教育的内涵与价值被重新审视和深化。新时代背景下，《关于全面加强新时代大中小学劳动教育的意见》等政策的出台，明确提出要将劳动教育纳入人才培养全过程，强调劳动教育在促进学生德智体美劳全面发展中的独特价值。作为"五育并举"的重要组成部分，

---

[*] 基金项目：国家级一流本科课程《大学生劳动素养》（证书编号：2023231100）、安徽省哲学规划项目"青少年心理健康家庭教育优化及危机干预研究"（项目编号：AHSKY2023D043）、巢湖学院校级科研项目"大学生网络错误信息分享辨别力中认识论信念影响机制研究"（项目编号：XWY202310）。

[**] 卓潇，天津师范大学心理学部博士研究生，讲师，主要研究领域为教育社会心理学。

[①] 檀传宝：《劳动教育的概念理解——如何认识劳动教育概念的基本内涵与基本特征》，《中国教育学刊》2019年第2期。

劳动教育是德智体美四育的实践载体与价值凝结点。[①] 在此背景下，许多高校积极探索劳动教育的实施路径，通过设置独立的课程体系、强化家校社协同、开展马克思主义劳动价值观教育等举措，构建新时代劳动育人体系。深入研究高校劳动教育的实施现状，对于优化劳动教育体系、提高育人效果具有重要意义。

近年来，劳动教育事业虽取得积极成效，但在实施过程中仍面临诸多挑战。从学生层面看，大学生普遍具有较高的劳动意愿和认知水平，但在劳动知识学习、技能训练和劳动时间方面存在明显不足。部分学生存在劳动认知肤浅化、劳动选择功利化现象[②]，或是缺乏困难磨炼[③]。从学校层面看，尽管学校能够积极开展生产劳动教育、日常生活劳动教育和服务性劳动教育等各种类型的劳动育人活动，但也存在劳动教育开展表面形式化、劳动活动娱乐化、社会实践意义浅显化的问题。[④] 此外，由于不少高校近年来才增设劳动教育课程，多数学生不能清晰把握课程性质，课程本身也存在内容枯燥，专业融合程度不高、课程实施方式单一、劳动隐形课程作用发挥不足等问题。[⑤] 这些研究从不同层面反映出高校劳动教育实施过程中存在不科学、不充分、不均衡等情况。此外，已有研究多从理论层面探讨劳动教育的价值与实施路径，缺乏基于文本数据的实证分析，对高校劳动教育实施方案的系统性研究较少，亟须通过系统的实证研究和实践探索加以解决。因此，为更加全面了解高校劳动教育的实施现状，本研究通过对27所高校劳动教育实施方案文本内容进行系统性分析，弥补现有研究在实证数据方面的不足。研究重点关注实施方案内容和结构的问题，为进一步优化实施方案和提高劳动育人效果提供理论和实践参考。

---

① 李珂：《行胜于言：论劳动教育对立德树人的功能支撑》，《教学与研究》2019年第5期。
② 王玉香、杨克、吴立忠：《大中小学青少年劳动状况调研报告——基于全国30省份29229名学生的实证调查》，《中国青年研究》2021年第8期；张拥军、李剑、徐润成：《新时代大学生劳动教育现状及认知影响因素研究——基于湖北省部分高校大学生的实证分析》，《思想教育研究》2020年第6期。
③ 毕文健、顾建军、徐维炯：《重视学生劳动品质的培养——积极心理学视域下劳动教育的调查研究》，《中国教育学刊》2021年第8期。
④ 刘璐、冯建民：《五所地方高校劳动教育之实施现状、症结分析与优化策略》，《贵州师范学院学报》2021年第5期。
⑤ 郑晓华：《高职院校劳动教育课程实施的问题与建议——基于广东省6所高职院校的调查》，《职业技术教育》2021年第32期。

二　研究方法

（一）研究对象

1. 样本选择

首先，通过教育部官网、各省教育厅官网以及高校官方网站，收集全国范围内高校发布的劳动教育实施方案文本，初步筛选出符合研究主题的文本，重点关注文本的完整性、发布形式和发布时间。

其次，根据高校的学校类型、区域分布和学科类型进行分层抽样。具体来说，根据学校类型将高校分为"双一流"建设高校、省属重点高校、普通本科院校和高职院校，确保不同层次高校均有覆盖；将地理区域划分为中部、华东、华北、西南、东北、西北六大区域，确保每个区域均有高校入选；根据学科类型将高校分为综合类、理工类、医药类、农林类、师范类、财经类等类别，确保不同类型高校均有代表。

最后，综合考虑文本的完整性和时效性，最终确定27所高校的劳动教育实施方案文本作为研究样本。为便于后续分析，将这27个方案文本按照P1～P27进行了编号（见表1）。

表1　高校劳动教育实施方案样本基本信息

案例编号	学校类型	地域分布	学科类型	发布年份	案例编号	学校类型	地域分布	学科类型	发布年份
P1	省属重点	华北	理工类	2021	P15	普通本科	西北	综合类	2020
P2	省属重点	西南	医药类	2021	P16	普通本科	西北	师范类	2021
P3	高职院校	西南	医药类	2021	P17	省属重点	华东	农林类	2020
P4	双一流	中部	综合类	2022	P18	普通本科	华东	综合类	2022
P5	普通本科	中部	综合类	2021	P19	双一流	西北	理工类	2021
P6	双一流	华东	综合类	2022	P20	普通本科	中部	综合类	2023
P7	双一流	华北	综合类	2022	P21	省属重点	东北	理工类	2021
P8	省属重点	东北	财经类	2021	P22	省属重点	中部	理工类	2024
P9	省属重点	中部	理工类	2024	P23	双一流	东北	综合类	2020
P10	省属重点	西南	医药类	2021	P24	高职院校	华东	理工类	2021
P11	省属重点	华北	农林类	2020	P25	普通本科	华东	综合类	2021
P12	普通本科	中部	综合类	2020	P26	双一流	中部	农林类	2022
P13	双一流	华东	师范类	2023	P27	普通本科	华东	理工类	2021
P14	省属重点	中部	医药类	2021					

2. 样本特征

地域分布上看，中部地区高校8所，华东地区高校7所，华北、西南、东北、西北高校各3所，样本高校在区域分布上较为均衡；从学科分类上看，样本包括综合类大学10所、理工类大学7所、医药类大学4所、农林类大学3所、师范类大学2所、财经类大学1所，学科类型多样化，为研究提供了丰富的案例；从学校类型上看，样本中"双一流"建设高校7所、省属重点高校10所、普通本科院校8所、高职院校2所，兼顾了不同层次的高校，可以很好地反映我国劳动教育实施和发展的整体状况。

所有27个实施方案文本均以学校正式文件形式发布，发布时间集中在2020年至2024年之间。这一时间段正值国家《关于全面加强新时代大中小学劳动教育的意见》出台后，各高校积极响应并制定劳动教育实施方案的高峰期。因此，样本能够较好地反映当前高校劳动教育实施的现状和趋势，为研究提供具有时效性和代表性的数据。

（二）分析过程

将收集的实施方案文本统一以PDF格式导入Nvivo11软件。数据处理参考扎根理论数据处理程序，按照"开放编码、主轴编码、选择性编码"三级程序化编码范式进行编码。

首先，在开放性编码阶段，共提取476个原始信息参考点，这些参考点直接来源于方案文本，是与劳动教育实施相关的具体描述。例如，文本中提到的"成立劳动教育工作领导小组""开设劳动教育必修课程""组织学生参加志愿服务"等内容均被提取为参考点。

其次，在主轴编码阶段，对开放编码过程中获取的参考点进行分类和归纳，提炼出27个主要范畴（二级节点）。例如，将"开设劳动教育必修课程""将劳动教育融入专业课程"等参考点归纳为"课程设置"二级节点。

最后，在选择性编码阶段，对27个二级节点进行进一步分析整合，提炼出"劳动实践教育""实施保障机制""劳动课程教育"3个核心范畴（一级节点），这3个模块在一定程度上具有统领性，可以看作高校开展劳动教育的宏观维度。

在完成编码和节点提炼后，利用Nvivo11的查询和可视化功能对数据进行分析。通过词频分析提取高频主题词，通过节点矩阵分析比较不同类属的参考点分布。这些分析结果以图表形式呈现,直观反映了高校劳动教育实施的重点内容和结构特征。

三 结果分析

(一)高校劳动教育实施方案主题词分析

对27个高校劳动教育实施方案文本进行词语分析,将字符长度设置为2,梳理出30个频次超过100次的主题词(见表2)。"劳动"和"教育"两个主题词出现频次排在高频词的前两位,分别为3909次和2227次。实施方案能够紧扣"劳动教育"主题,结合专业(频次445)、课程(频次313)、服务(频次265)、创新(频次203)、创业(频次164)、生活(频次155)、生产(频次233)等开展劳动实践(频次1244)和主题活动(频次397)。从词语分析结果可以看出,实施方案的内容设置十分注重实践在高校劳动教育体系中发挥的核心作用,同时关注劳动精神(频次261)、技能(频次152)、能力(频次163)的培养。图1直观地展示了这些主题词全貌。

表2 高校劳动教育实施方案高频词(TOP 30)

序号	关键词	频次	序号	关键词	频次	序号	关键词	频次
1	劳动	3909	11	课程	313	21	创新	203
2	教育	2227	12	服务	265	22	时代	173
3	实践	1244	13	精神	261	23	创业	164
4	学生	1052	14	体系	234	24	能力	163
5	组织	727	15	生产	233	25	教师	155
6	指导	497	16	社会	232	26	生活	155
7	专业	445	17	教学	218	27	校园	154
8	活动	397	18	评价	209	28	技能	152
9	培养	357	19	主题	208	29	安全	146
10	结合	348	20	引导	204	30	特色	129

图1　高校劳动教育实施方案文本词语分析图谱

（二）高校劳动教育实施方案文本内容编码结构分析

通过对27个方案文本信息进行阅读，共梳理出476个原始信息参考点，这些参考点直接来源于方案文本，梳理出的内容是高校如何开展劳动教育的直接描述。对参考点内容进一步编码得到了"组织领导"等27个主要范畴（二级节点）。通过对二级节点进一步分析研究和概括，得到了实施保障机制、劳动实践教育、劳动课程教育3个核心范畴。Nvivo编码形成的节点之间互为关联，是一种从属树状关系，即上一级节点是对下一级节点内容的整理和概括，编码结果显示各核心范畴（一级节点）之间的参考点分布较为均衡，主要范畴（二级节点）之间的参考点分布不均衡，整体上反映出高校对劳动教育实施的关注存在侧重点。其中，实施保障机制包含组织领导（33）、师资队伍（27）、劳动场地（8）、专项经费（14）、安全保障（22）、劳动氛围（44）6个二级节点，合计参考点148个，占比31.1%；劳动课程教育包含课程设置（31）、课程融入（23）、成绩评定（43）、主题教育（34）、教育研究（11）、教学资料（8）6个二级节点，合计参考点150个，占比31.5%；劳动实践教育包含志愿服务（36）、专业实践（34）、日常劳动（29）、创新创业（24）、实践基地（20）、实习就业（17）、勤工助学（15）、家庭劳动（3）8个二级节点，合计参考点178个，占比37.4%。图2直观地显示出了各级编码节点的分布和类属关系，图形所示的面积的大小对应各节点参考点的数量，参考点数量越多，图形面积越大。

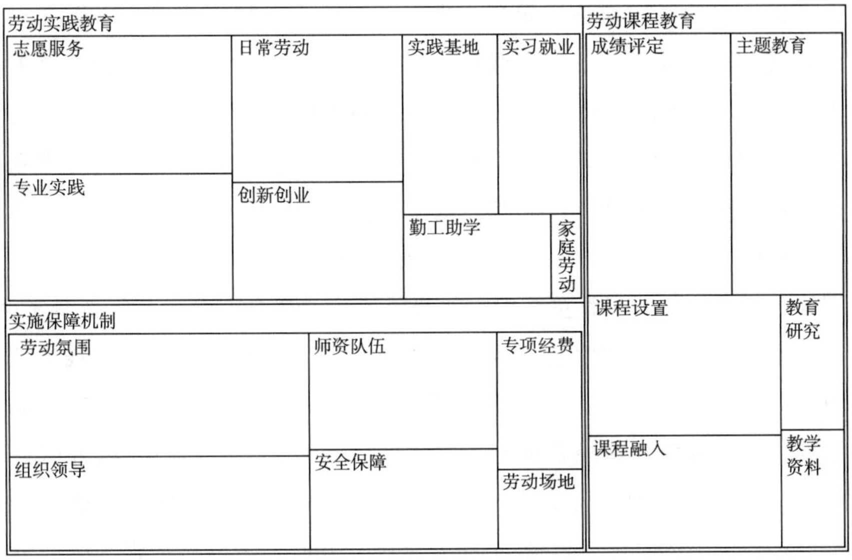

图 2　高校劳动教育实施方案节点及其参考点分布

(三)高校劳动教育实施方案内容分析

通过对高校劳动教育实施方案文本的编码进行分析发现,各高校聚焦实施保障机制、劳动课程教育、劳动实践教育三个方面统筹谋划和探索如何开展好大学生劳动教育,内容涵盖劳动氛围营造、师资队伍建设、专业实践教育、课程成绩评定、实践基地建设、志愿服务活动、日常生活劳动、育人平台建设等。

1. 实施保障机制

为确保高校劳动教育质量和育人效果的提升,各高校主要从组织领导、劳动氛围、师资队伍、劳动场地、专项经费、安全保障六个方面提供实施保障。分析结果显示,多数高校成立了劳动教育工作领导小组,统一领导和推进劳动教育工作(组织领导,P1~P14、P16~P27)。另外,高校普遍注重宣传引导,通过开设学校劳动教育专题网站,建设劳动文化宣传阵地,选树劳动教育先进典型,把握重大时间节点,开展劳动文化宣传教育活动等营造良好的劳动教育氛围(劳动氛围,P2、P11、P13、P17)。在师资队伍建设方面,大多数高校目前暂未形成较为稳定、专门的劳动教育师资队伍,主要着力于探索和整合现有校内外资源来打造劳动教育师资力量,并计划加强劳动教育师资培训工作,组建一支专兼职相结合的队伍。例如，聘请相关行业专业人士担任劳动实践指导教师；发挥教职员工特别是辅导员、班主任、学业导师的作用，合力开展劳动教育实践活动；对承担劳动教育课程的教师进行专项培训，提高劳动育人意识和专业化水平；聘请劳动模范担任兼职教师等（师资队伍，P3、P7、P9、P21）。高校对劳动教育场地，特别是实践教育场地保障方面进行统筹谋划，提出通过认定一批城乡社区、福利院、医院、博物馆、科技馆、图书馆等事业单位、社会机构、公共场所作为服务性劳动基地；综合利用食堂餐厅、图书馆、工程训练中心、各院所实验室等校内公共区域劳动教育资源；与行业骨干企业、政府及企事业单位相关部门建立合作，共建共享稳定的校外劳动实践基地、校外实习实训基地和创新创业孵化平台等（劳动场地，P6、P20、P25）。部分高校计划设立劳动教育专项经费或利用学生活动经费，用于建设校内外劳动教育实践场地，购置劳动教育器材和教育激励等，以保证劳动教育活动有序开展（专项经费，P3、P18、P25）。在劳动安全保障方面，主要从加强师生的劳动安全教育，强化劳动风险意识；排查、清除学生劳动实践中的各种安全隐患；制定风险防控预案，完善应急与事故处理机制；在场所设施选择、材料选用、工具设备和防护用品使用、活动流程等方面，制定科学合理的劳动安全操作规范等方面着手（安全保障，P12、P15、P22）。从整体上看，为保障劳动教育活动科学有效开展，高校能够综合全面地考虑师资、场地、安全等方面内容。此外，高校十分注重发挥校园文化育人功能，普遍强调要通过搭建宣传平台、开展主题教育、选树典型模范等营造优良的校园劳动氛围。

2. 劳动课程教育

劳动课程教育模块包含课程设置、课程融入、成绩评定、主题教育、教学资料、教育研究六个方面的内容。目前，大部分高校将劳动教育纳入人才培养方案，探索形成了理论和实践相结合的劳动教育必修课程和公共选修课程。多数高校将总学习时长设置为32学时，其中理论学习时长为8学时，少数高校将学时数设置为36学时和40学时，分学年完成。课程内容包括劳动法律、劳动关系、劳动经济、劳动社会保障、劳动安全和职业卫生等（课程设置，P1、P16、P19）。实施方案同时关注将劳动教育融入思想政治教育、职业生规划、创业与就业指导、专业课程教学中。例如，在专业课程教学中，强调各专业课程具有的劳动属性和劳动指向，强化专业劳动伦理教育和专业未来劳动发展趋势教育；在思政课程中融入马克思主义劳动观和劳动法规等内容（课程融入，P2、P11、

P27）。除课程教学外，高校充分利用植树节、劳动节、志愿者日等重要时间节点，开展"劳模讲堂""大国工匠进校园""优秀毕业生报告会""劳动技能大赛"等形式多样的劳动教育主题活动（主题教育，P4、P23）。并采取将劳动教育纳入第二课堂成绩单，把劳动实践过程和结果纳入学生综合测评实施办法，根据学生劳动教育总结及两学年劳动实践考勤记录、劳动时长、劳动质量综合评定学生劳动实践成绩等方式，对劳动教育成绩进行评价（成绩评定，P10、P16、P24）。实施方案显示，高校正积极筹划开展劳动教育的科学研究和资源建设，设立专项资金支持开展校级劳动教育专项课题研究；编写课程教材、专题读本、影像资料；组织编写劳动实践指导手册，用于明确教学目标、活动设计、工具使用、考核评价、安全保护等劳动教育要求等（教育研究、教学资料，P4、P11、P24）。由此可见，高校正积极探索并初步形成了劳动教育课程体系，将劳动教育纳入人才培养方案，努力推动形成从入学教育到实习就业的全过程劳动育人新格局。

3. 劳动实践教育

劳动实践教育模块包含志愿服务、专业实践、日常劳动、创新创业、实践基地、实习就业、勤工助学、家庭劳动八个方面的内容。高校充分发挥各类实践活动的劳动育人价值，身体力行开展劳动教育。将劳动教育与专业实践相结合，依托学科和专业特点开展生产劳动和服务性劳动；发挥实践性较强的专业学科优势，优化专业课程设置，挖掘和充实各类专业课程的劳动教育资源（专业实践，P15、P17、P23）。将劳动教育与实习就业、创新创业相结合，主动对接地方人力资源保障部门和合作企业，增加学生顶岗实习的机会；开展校企对接联络，依托就业促进专项行动，组织学生到基层党政机关、国企央企、社区基层等参与实习锻炼，下沉就业一线，参与行业劳动等（实习就业，P6、P15）；与"互联网+"等创新创业赛事深度融合，积累职业经验，提升就业创业能力；组织各类科技学术活动、创新创业创造竞赛、学科竞赛等大学生创新创业创造活动，鼓励学生结合"三创"活动，出版、发表、申请具备劳育元素的专著、论文和专利等（创新创业，P13、P17、P23）。同时，为保障专业实践、实习就业等各类型实践活动开展，各高校充分依托就业基地、实习实训基地等社会资源，打造校院两级多类型特色化劳动教育实践基地；加强与行业骨干企业、高新企业、中小微企业紧密协同，建立相对稳定的实习实践基地（实践基地，P7、P21）。将劳动教育与日常生活、家庭劳动相结合，开展学生寝室卫生大扫除、寝室卫生评比活动；开展绿化养护、校园卫生、教室清洁、实验室维护等劳动锻炼；鼓励和支持学生在家中帮父母做家务、进农田为父母做助手等（日常劳动、家庭劳动，P10、P11、P15）。将劳动教育与志愿服务、勤工助学相结合，组织学生深入城乡社区、福利院和公共场所等参加志愿服务，开展公益劳动，参与社区治理；组织"三下乡"社会实践活动，组织家庭经济困难学生或具有相应专业特长的学生参加勤工助学活动等（志愿服务、勤工助学，P1、P11、P23）。不难看出，专业实践、志愿服务、创新创业等高校常规育人活动中原本就蕴含着大量的劳动育人价值，高校在充分挖掘和整合这些育人元素的基础上，已经初步构建起符合自身人才培养目标的劳动实践教育体系。

四　研究结论与对策建议

（一）研究结论

通过节点编码分析发现，三个核心模块参考点分布相对平衡，劳动实践方面的内容相对课程教育更为丰富，关注度更大。对三个核心模块的内容进行分析可以发现以下几点。

在实施保障机制方面，当前高校劳动教育组织领导机制较为健全，高校普遍注重校园劳动氛围营造和师资队伍建设，重视劳动安全教育和安全保障，然而对劳动场地和劳动教育经费保障的关注较少，这两个方面是相对薄弱的环节。

在劳动课程教育方面，高校初步形成了劳动教育必修课程和公共选修课程体系，强调了将劳动教育融入思想政治教育、职业生涯规划、创业与就业指导和专业课程教学中，同时定期开展主题讲座等形式的教育活动。此外，高校需进一步加强劳动教育研究和教学资源的整合开发。

在劳动实践教育方面，当前高校普遍通过开展各类社会实践、专业实践、日常劳动、创新创业、技能大赛等活动实现劳动育人目标。上述实践活动均具有较强的劳动育人价值，但是劳动实践育人体系不平衡，总体侧重脑力劳动，忽视体力劳动，注重发挥学校育人主体作用，忽视家校协同育人作用。

（二）对策建议

基于以上三个方面的分析和研究结论，结合高校劳动教育实施方案的具体内容提出如下建议。

1. 构建完善的实施保障体系

高校应从组织领导、师资队伍、劳动场地、专项经费、安全保障、劳动氛围等方面为劳动教育实施提供保障，解决课程开设不足、内容单一、形式枯燥、考核简单、参与不够、重视不足等问题。① 具体来说，劳动场地、专项经费和师资队伍是相对薄弱的环节。在劳动场地方面，要尽快开发确认一批较为稳定的校内外劳动教育实践场所，如志愿服务单位、校企合作单位、校内公寓、食堂、图书馆等，确保学生在稳定安全的劳动环境中工作和学习。在专项经费方面，要确保劳动教育经费投入充足和管理制度完善，研究样本中部分高校将劳动教育经费纳入学生活动经费管理或设置了专项教育经费，用于支持劳动教育的课程开发、实践基地建设和教师培训，但多数高校在实施方案中并未提及经费投入问题。未来一段时间需重点解决经费投入不足、用途不明确、管理不规范等可能存在的问题。在师资队伍建设方面，目前仍然存在专任教师缺口大、专业化程度不足、培训缺乏系统性、评价奖励制度不完善、部门归属不明确的问题，② 需加快建立一支以思政课教师、辅导员、专业实践指导教师等为主体的稳定育人团队，开展常态化劳动教育教学活动。与此同时，要注重从思想素养、知识素养、能力素养、身心素养四个方面推动劳动教育教师的专业性发展，确保劳动教育课程实施能力满足现实需要。③ 实施方案中部分高校明确提出每学期组织劳动教育专题培训，以经验分享、专家报告等形式提升教师的专业素养。

2. 加强劳动教育教学和研究

高校需进一步加强劳动教育教学和教育研究工作。从教育教学角度来看，首先，应逐步开设劳动教育理论必修课程，发挥劳动教育课程的主渠道作用，弥补重实践轻理论的短板。开好劳动教育必修课，有助于进一步把牢劳动教育的思想性，引导大学生自觉践行劳动精神、奋斗精神、创造精神、奉献精神和勤俭节约精神。④ 其次，要挖掘和利用好思想政治教育、职业生涯规划与指导、心理健康教育、专业课程等与劳动教育的渗透融合价值。例如，劳动教育融入

---

① 黄国萍、沈丽丽、曲霞：《高校劳动教育的开展现状与效果》，《池州学院学报》2023年第5期。
② 陈丹、孙瀚乐：《劳动教育师资队伍建设现状及问题研究》，《劳动教育评论》2024年第1期。
③ 曲霞、胡玉玲、李珂：《劳动教育本科专业建设的核心任务与紧要问题》，《中国大学教学》2024年第11期。
④ 刘向兵、曲霞：《中国式现代化视域下高校劳动教育的使命担当》，《中国高等教育》2023年第9期。

大学生心理健康教育,有助于缓解大学生的心理压力,提升自信心、效能感和意志力等。在职业生涯规划与指导课程中,注重培养学生树立正确的就业价值观,主动做好职业发展规划,应对人工智能等可能对未来劳动就业市场带来的深刻变革和挑战;在专业课程方面,要以劳动价值引领塑造为切入点,推动劳动教育与专业教育有机结合。① 例如,医学院校结合医学专业开展"医疗志愿服务"。从教育研究上来看,要引导鼓励学校教师开展劳动教育课题研究,编写劳动教育课程教材、劳动实践指导手册和读本等用于指导教学活动开展。实施方案中部分高校设立了专项资金支持开展劳动教育专项课题研究,少数高校成立了教研室,或计划成立劳动教育研究中心,加强劳动教育理论与教育教学研究。

3. 打造更加平衡的实践育人体系

高校需发挥劳动育人主体地位,利用校内资源积极开展校内实践,可设立"劳动实践周",集中安排学生参与校园劳动项目,如参与校园绿化、实验室管理等。校内劳动实践要防止畸变为才艺展示或休闲方式,需强调出力流汗的实践本质。② 相比校内实践,校外劳动实践场景更加丰富。高校可通过组织户外劳动,带领学生走出教室、实验室和宿舍,走到田间地头、厂房和工地等场所,充分发挥劳动教育在强健体魄、磨炼意志等方面的作用。此外,高校要注重家校联动,发挥协同育人作用,突出家庭在劳动教育中的基础性、源头性作用。家庭是孩子最早的社会环境,父母可在日常生活中激发孩子的动手欲望,培养他们的责任心,要鼓励学生参与社区服务和志愿活动,从小培养其关爱社会、奉献社会的意识。③ 学校要鼓励学生利用假期走进父母工作场所,体验和感受父母的日常工作,做父母的家庭劳动助手,分担家务劳动等。学校可以同时考虑将学生参加的校内外劳动实践、社区服务、志愿服务、专业实习、家庭劳动等内容均纳入成绩评定范畴,邀请辅导员、实习指导教师、企业导师、社区工作人员、家长等共同参与评价,确保评价的客观性和全面性。

---

① 刘向兵、曲霞:《劳动教育赋能新质生产力的价值定位与路径创新》,《国家教育行政学院学报》2024年第9期。
② 檀传宝:《加强和改进劳动教育是当务之急——当前我国劳动教育存在的问题、原因及对策》,《人民教育》2018年第20期。
③ 党印、王昌图、任俊良等:《家校社协同开展劳动教育的内在逻辑与现实路径》,《东吴学术》2024年第6期。

五 不足与展望

本研究通过对各高校劳动教育实施方案进行细致梳理,探析了高校劳动教育实施的现状,从实施保障机制、劳动课程教育、劳动实践教育三个方面详尽分析了现阶段高校开展劳动教育的实施路径和思路,能够翔实地反映出高校劳动教育实施现状。然而,本研究仍存在以下不足。首先,高职院校样本较少。本研究样本来源均为高校主动公开的文件或官方网站发布的完整内容。在数据收集期间,尽管对同等比例本科院校和高职院校网站进行检索,但仅获得2所高职院校的劳动教育实施方案相关文件,导致高职院校样本量不足,未能充分反映高职院校在劳动教育中的实践特点。其次,未考察方案落实情况。本研究基于高校发布的劳动教育实施方案文本进行分析,未能对方案的实际落实情况进行跟踪调查。对各高校在实施过程中可能面临的具体问题、挑战及解决策略,未加以说明和深入探讨。

基于以上不足,未来研究可以从以下两个方面开展:一是优化样本量结构,特别是增加高职院校的样本量,深入比较本科院校与高职院校在劳动教育实施中的异同,以提供更具针对性的建议;二是通过实地调研和访谈,进一步了解劳动教育实施方案的执行效果及存在的问题。

(编辑:李波)

参考文献

檀传宝:《劳动教育的概念理解——如何认识劳动教育概念的基本内涵与基本特征》,《中国教育学刊》2019年第2期。

李珂:《行胜于言:论劳动教育对立德树人的功能支撑》,《教学与研究》2019年第5期。

王玉香、杨克、吴立忠:《大中小学青少年劳动状况调研报告——基于全国30省份29229名学生的实证调查》,《中国青年研究》2021年第8期。

张拥军、李剑、徐润成:《新时代大学生劳动教育现状及认知影响因素研究——基于湖北省部分高校大学生的实证分析》,《思想教育研究》2020年第6期。

毕文健、顾建军、徐维炯:《重视学生劳动品质的培养——积极心理学视域下劳动教育的调查研究》,《中国教育学刊》2021年第8期。

刘璐、冯建民:《五所地方高校劳动教育之实施现状、症结分析与优化策略》,《贵州师范学院学报》2021 年第 5 期。

郑晓华：《高职院校劳动教育课程实施的问题与建议——基于广东省 6 所高职院校的调查》，《职业技术教育》2021 年第 32 期。

黄国萍、沈丽丽、曲霞：《高校劳动教育的开展现状与效果》，《池州学院学报》2023 年第 5 期。

陈丹、孙瀚乐：《劳动教育师资队伍建设现状及问题研究》，《劳动教育评论》2024 年第 1 期。

曲霞、胡玉玲、李珂：《劳动教育本科专业建设的核心任务与紧要问题》，《中国大学教学》2024 年第 11 期。

刘向兵、曲霞：《中国式现代化视域下高校劳动教育的使命担当》，《中国高等教育》2023 年第 9 期。

刘向兵、曲霞：《劳动教育赋能新质生产力的价值定位与路径创新》，《国家教育行政学院学报》2024 年第 9 期。

檀传宝：《加强和改进劳动教育是当务之急——当前我国劳动教育存在的问题、原因及对策》，《人民教育》2018 年第 20 期。

党印、王昌图、任俊良等：《家校社协同开展劳动教育的内在逻辑与现实路径》，《东吴学术》2024 年第 6 期。

现状审思与未来路向：中国幼儿劳动教育研究 40 年（1983~2022）

戚 娟 李英慧 海茹岩 海小莹[*]

摘 要：幼儿是国家的未来、民族的希望，对幼儿实施劳动教育，是促进其全面成长的关键路径。总结和分析近40年来中国幼儿劳动教育研究的现状和趋势，不但可以全面认识我国既往幼儿劳动教育研究成果的发展态势，而且有助于预测未来研究的趋势，为后续研究提供积极借鉴和有益参考。本文依托 CiteSpace 可视化分析软件，系统考察了近40年来中国幼儿劳动教育研究领域的文献概况、研究热点、演进趋势及未来研究路向。研究发现，中国幼儿劳动教育研究受政策话语的影响较为明显，在研究趋势上呈现出起步、积淀以及深化三个演进阶段；已有研究尚存在研究环境亟待优化、研究深度仍需挖掘、研究创新性有待提高等多重挑战。面向新时代，未来幼儿劳动教育的研究，需重塑幼儿劳动教育研究者群体关系，厘清幼儿劳动教育的相关核心概念，构建"五育融合"的幼儿劳动教育课程体系。

关键词：幼儿劳动 劳动教育 劳动习惯

党的十八大以来，幼儿劳动教育的重要性得到显著提升，劳动教育与德育、智育、体育和美育共同成为幼儿教育的核心组成部分。早在 2021 年 3 月，教育部发布的《幼儿园入学准备教育指导要点》中就明确指出，应培养幼儿良好的劳动习惯和初步的责任感。同年 9 月，在国务院颁布的《中国儿童发展纲要（2021~2030 年）》中又指出，应引导儿童树立正确的劳动观念，培养勤俭、奋斗、创新、奉献的劳动精神。2022 年，劳动教育的战略地位再次得到升华，这表现为劳动教育被正式写入党的二十大报告，成为新时代国家教育改革发展的战略任务之一。在此背景下，如何培养幼儿热爱劳动、尊重劳动人民、珍惜劳

---

[*] 戚娟，宁夏大学教师教育学院硕士研究生，主要研究领域为学前教育；李英慧，博士，宁夏大学教师教育学院副教授，主要研究领域为教育史；海茹岩，宁夏大学教师教育学院硕士研究生，主要研究领域为学前教育；海小莹，宁夏大学教师教育学院硕士研究生，主要研究领域为学前教育。

动成果的优秀品质，已然成为新时代学前教育研究者应当予以重视和关注的焦点和研究内容之一。然而，通过审视近40年来中国幼儿劳动教育研究的热点和演进趋势可以发现，当前该领域研究中仍存在研究环境亟须优化、研究深度仍需挖掘、研究创新性有待提高以及相关保障体系亟待构建等多重挑战。因此，未来加强对幼儿劳动教育的深入探索，就显得尤为重要且刻不容缓。

一 幼儿劳动教育研究文献概况

（一）研究方法及数据来源

基于中国知网（CNKI）平台，以"幼儿劳动教育"为篇名，时间跨度确定为"1983年1月1日至2022年12月30日"进行检索，共检索到310篇中文文献。经过人工筛选剔除无效文献后，最终确定296篇有效中文文献作为本研究的基础数据。为深入分析文献，本研究采用美国德雷塞尔大学陈超美等专家基于文献计量学及科学知识图谱理论，利用Java语言开发的CiteSpace可视化分析软件，其分析流程为以下关键环节。首先，转换数据格式。由于CiteSpace可视化分析软件无法直接识别中国知网（CNKI）所下载的文献数据格式，将296篇中文文献转化为CiteSpace可视化分析软件可识别的Reworks格式，并导入软件进行后续分析。其次，设定时间范围。在CiteSpace可视化分析软件中，将时间跨度设定为1983年至2022年，时间间隔设置为1年。再次，绘制图谱。利用CiteSpace可视化软件中作者合作分析、机构合作分析、关键词分析等功能，绘制出发文数量图、作者共线图、发文机构图、关键词共线图、关键词频次图以及时间共线图，以客观呈现过去40年间中国幼儿劳动教育的研究现状。最后，分析图谱意义。结合研究目标和文献内容，深入挖掘图谱数据的深层意义，为后续研究提供有价值的参考。

（二）发文数量随年代分布情况

过去的40年间，中国幼儿劳动教育研究的发文数量随年代分布情况，由图1可以得出一个较为直观的认识。图1展示了1983~2022年幼儿劳动教育领域发文数量与年代的正相关趋势。1983~2017年，总体发文量较少，可知该领域研究尚处于初步探索阶段；自2018年以来，该领域的发文量急剧增加，至2022年达到136篇的历史峰值，凸显幼儿劳动教育已成为教育研究的重要议题。

值得注意的是，在这期间，尽管硕士论文数量也呈现增长态势（共14篇），但博士论文尚未直接涉足此领域。总体而言，尽管幼儿劳动教育正在日益受到学界的关注，但从其发文量来看，研究成果仍略显单薄。未来在该领域的研究深度与广度上，尚有值得拓展的空间。

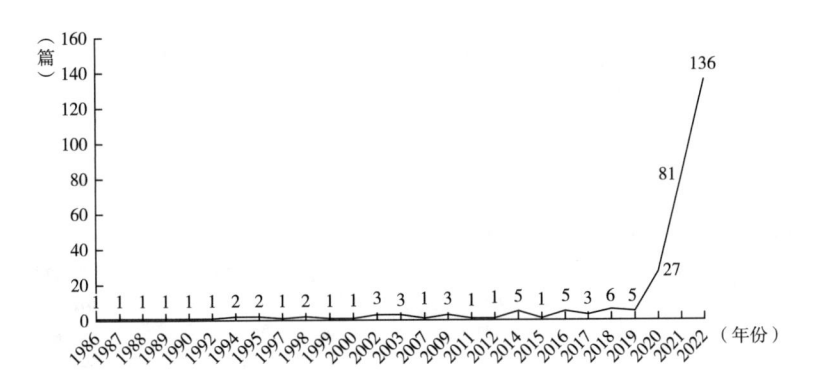

图 1　1983~2022 年发文数量分布

注：所缺年份发文量为 0。

从研究时代脉络看，幼儿劳动教育的发展深受重要政策颁布、社会发展所需以及国家领导人推动的影响，而缺乏长效发展的内驱力。具体表现为，20 世纪 80 年代，受限于特殊的时代背景，劳动被错误地与作风正派挂钩，形成了"越劳动越革命，越有思想越反动"的扭曲观念，这一时期的幼儿劳动教育偏重体力劳动；到了 90 年代，虽然有了教育上的拨乱反正，也颁布了劳动教学大纲，但受"应试教育"和"文凭热"等社会风气的影响，劳动教育中"形式主义"之风较为盛行。幼儿劳动教育亦受其影响，侧重技能培养；进入 21 世纪，随着科技的进步与知识经济的蓬勃发展，对综合素质人才的需求日益迫切，劳动教育成为各级教育的必修课程，幼儿劳动教育随之迎来了发展机遇；党的十八大以来，党和国家领导人多次强调劳动教育对未来的重要性，赋予幼儿劳动教育新的时代内涵。在这一时期，研究者们注重从多维度探讨幼儿劳动教育，相关文献数量显著增加。

（三）幼儿劳动教育研究作者群及合作情况分析

利用 CiteSpace 可视化软件的作者合作分析功能，绘制了 1983~2022 年"幼儿劳动教育"的主要研究人员图谱（见图 2），该图谱直观地展现了"幼儿劳动教育领域"的主要研究人员及其合作关系，为揭示该领域的研究趋势和发展动态提供了可视化支持。在图谱中，研究者姓名的字体大小直观地反映了他们在该领域的影响力大小，即字体越大，意味着该研究者在幼儿劳动教育领域的研究成果越丰硕，其学术贡献和影响力也越显著。同时，图谱中研究者间连线数量则揭示了研究者之间的关系密度，从而直观地展示了研究者之间合作关系的密切程度，即连线越多，表明这些研究者之间的合作关系越紧密。

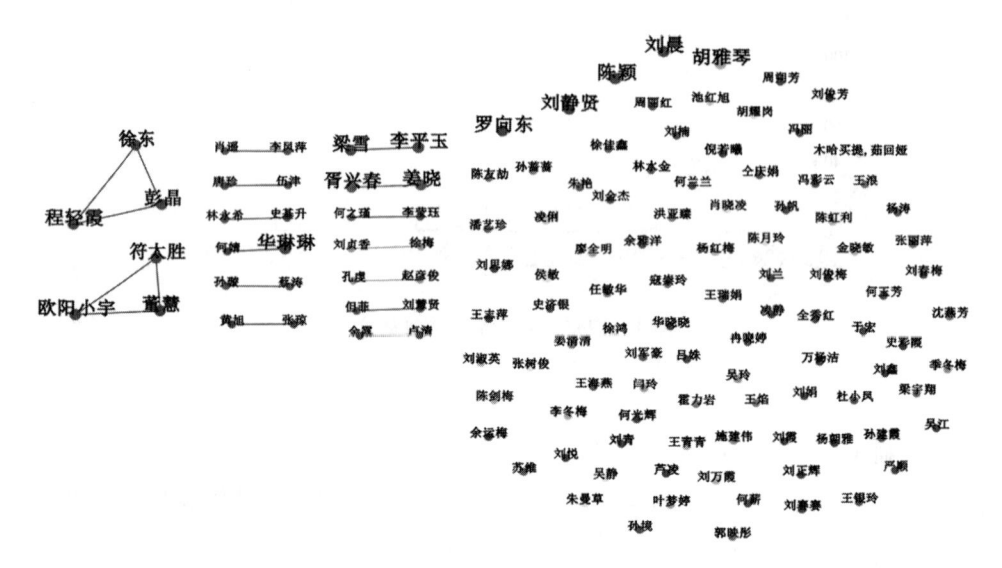

图2 研究者共线图谱

由图2可知，在296篇"幼儿劳动教育"的文献中，共有130多位研究者，其中发文量较多的研究者共有5位。然而，在合作研究方面，合作的广度与深度有所欠缺，仅有13组为两人间的合作，2组为三人的合作群体，而三人以上的合作群体则完全缺失。图谱中研究者之间连线较为稀疏，节点分散，这直观地反映了研究者间合作关系的密度较低。尤为值得注意的是，在现有的合作关系中，绝大多数合作者只是局限于与同一学院的同事及学生之间的合作，而跨地区的深度合作则极为罕见，这也就意味着已有研究作者群并未能构建起广泛的研究共同体。这一现象也表明，在幼儿劳动教育领域，研究者们更倾向于独立开展研究。这种带有局限性的合作模式，或许在一定程度上制约了幼儿劳动教育理论与实践的深入发展，限制了研究成果的广泛传播与深度整合。有鉴于此，在今后的研究中，有必要加强跨校、跨区域作者的幼儿劳动教育的合作研究。

(四)幼儿劳动教育发文机构分析

通过运行 Citespace 可视化分析软件，生成包含 102 个节点、7 条连线的发文机构合作网络图谱（见图 3）。在该图谱中，每个节点对应一所发文机构，节点及其文字的大小代表机构发文量的多少，节点间的连线代表发文机构间的合作联系。具体而言，节点和文字越大，表明该机构的发文量越多。节点间的连线越多，意味着机构间的合作越多。

图 3 发文机构合作网络图谱

从图 3 可知，幼儿劳动教育的发文机构主要分为幼儿园和高校两类。值得注意的是，幼儿园作为基层实践单位，在文献发表上占据了显著地位。进一步观察发文机构的地域分布情况可以清晰地发现，东部地区幼儿劳动教育领域的发文量明显高于中西部地区，显示出东部地区对幼儿劳动教育领域的研究给予了高度重视。然而，尽管存在众多研究机构，但从发文机构间的连线数量可知，研究机构间的合作交流有限，尚未能凝聚成一个紧密协作的研究共同体。同时，地域间的合作交流也显不足。因此，跨地区的学术交流与合作机制亟待完善。

二 幼儿劳动教育研究热点和演进趋势

(一)幼儿劳动教育研究关键词频次分析

运用CiteSpace可视化分析软件，首先，对1983~2022年我国"幼儿劳动教育"领域的关键词进行了深入的可视化分析，并据此绘制了关键词共线图谱（见图4）。在该图谱中，节点的大小直接反映了各关键词出现的频次，具体而言，节点越大，则意味着该关键词在相关文献中出现的频次越高，从而体现了其在该领域的重要性和受关注度。

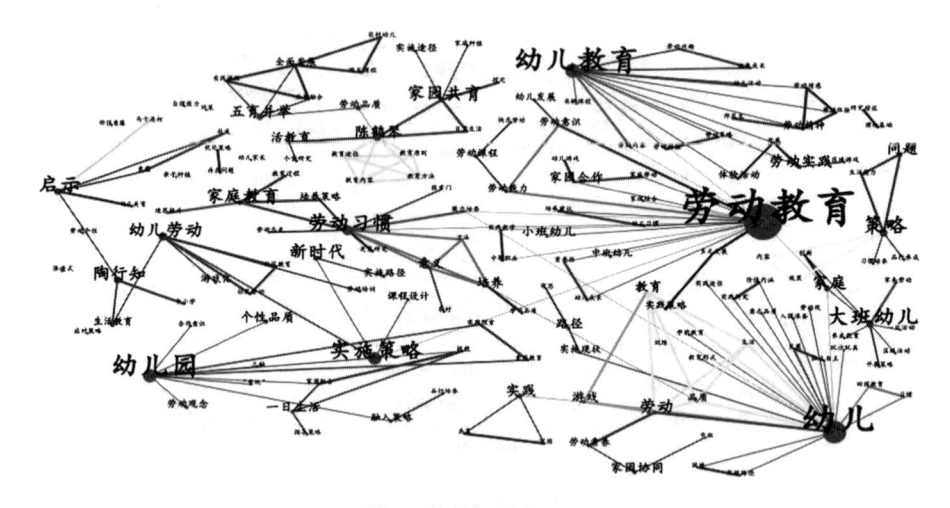

图 4 关键词共线图谱

其次，对导出的关键词进行预处理，即剔除与"幼儿劳动教育"直接相关的词条，如"劳动教育""幼儿劳动教育""幼儿""幼儿教育""幼儿园"等，并根据年份顺序对关键词进行排序后得到表1（为便于数据整理，选取每年出现频次前两位的关键词）。对图4和表1的数据进行分析可以发现，一方面，近年来"劳动课程""五育并举""劳动精神""全面发展""家园协同"等关键词高频出现。这些关键词之间联系紧密，节点间连接显著，反映了近年来文献选题具有较强的共线性，体现了在劳动教育过程中对幼儿劳动素养培育的日益重视。另一方面，通过对"策略""劳动习惯""劳动内容""教育途径"等关键词的分析发现，当前幼儿劳动教育研究多聚焦常规性主题（如行为习惯培养、基本技能训练等），相对忽视了创新性劳动教育形式的探索，这种现象反映出该领域的研究可能存在一定的模板化倾向。总之，这些高频关键词虽然揭示了研究的核心关注点，但也反映了研究视角和方法的相对集中，因此未来研究中需要进一步拓宽研究视野，探索更多元化的研究路径和方法，以推动幼儿劳动教育的持续发展。

表 1　1983~2022 年关键词频次

年份	关键词（频次）	年份	关键词（频次）
2022	劳动精神（26）五育并举（24）	2002	劳动内容（2）策略（1）
2021	劳动课程（35）全面发展（32）	2001	—
2020	家园协同（15）一日生活（10）	2000	内容（1）
2019	幼儿游戏（8）园本课程（5）	1999	劳动态度（1）
2018	家务劳动（5）实践探索（4）	1998	陈鹤琴（4）教育原则（1）
2017	家园共育（3）独立自主（2）	1997	教育途径（1）教育方法（1）
2016	劳动习惯（4）素质教育（2）	1996	—
2015	区域游戏（1）	1995	能力（1）
2014	家庭（3）劳动习惯（2）	1994	劳动技巧（1）劳动能力（1）
2013	—	1993	—
2012	种植（1）审思（1）	1992	训练（1）教育途径（1）
2011	指导策略（1）	1991	—
2010	—	1990	训练教育（1）
2009	启示（8）策略（3）	1989	效果（1）
2008	—	1988	训练（1）技能（1）
2007	马卡连柯（1）	1987	体力劳动（1）
2006	—	1986	健康体质（1）劳动生活技能（1）
2005		1985	
2004		1984	
2003	品质（2）劳动意识（1）	1983	—

（二）幼儿劳动教育研究演进趋势分析

为深入了解过去 40 年来幼儿劳动教育的研究趋势，本研究采用 CiteSpace 可视化软件中 Time Zone View 功能，绘制了幼儿劳动教育关键词时间共线图谱（见图 5）。该图谱清晰地展示了 1983~2022 年关键词的出现时间及其相互间的共线联系，为准确把握幼儿劳动教育领域的研究动态提供了强有力的支持。由图 5 可知，幼儿劳动教育研究经历了 1983~2005 年的起步阶段、2006~2017 年的积淀阶段以及 2018~2022 年的深化阶段。这一演进趋势受政策话语的影响较为明显，具体表现为以下三个方面。

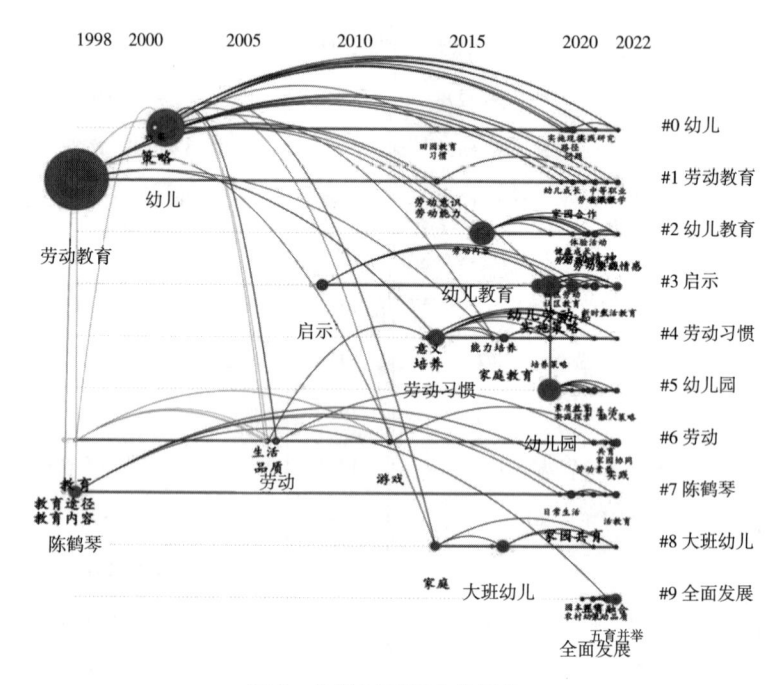

图 5　关键词时间共线图谱

首先，在幼儿劳动教育研究的起步阶段（1983~2005 年），一系列法律法规的颁布使幼儿劳动教育在内容、立场和功能上发生了显著变化。1978 年，党的十一届三中全会的胜利召开标志着我国正式进入改革开放的新纪元，教育领域也随之迎来了深刻的变革，以适应社会主义建设的迫切需求。1981 年教育部颁布的《关于试行幼儿园教育纲要（试行草案）的通知》明确指出，通过集体劳动、种植劳动以及饲养劳动等劳动活动，旨在培养幼儿良好的品德、爱劳动的习惯以及简单的操作能力[1]，明确了幼儿劳动教育的具体活动内容。1982 年《中华人民共和国宪法》从国家根本大法层面明确规定了公民享有劳动的权利和义务，为幼儿劳动教育发展提供了宪法支持。随后，1995 年《中华人民共和国教育法》的颁布，更是将教育与生产劳动相结合作为培养社会主义建设者和接班人的重要方针，进一步强调了劳动教育在教育体系中的不可或缺性。[2] 进入 21 世纪，随着《幼儿园教育指导纲要（试行）》（2001 年）的颁布，幼儿劳动教育的目标进一步被细化，即培养幼儿热爱劳动、珍惜劳动成果的良好品质。[3] 以上政策法规的颁布意味着幼儿劳动教育作为学前教育的重要组成部分，日渐受到国家层面的高度重视。这一时期法律法规的颁布使幼儿劳动教育在内容、立场和功能上发生了显著变化。其具体表现，一是在内容上，幼儿劳动教育由单一体力劳动向体力劳动与脑力劳动并重的方向转变；二是在立场上，由过去主要服务于国家集体建设的需求逐步转向更加关注幼儿个体兴趣、能力及价值的实现，体现了劳动教育价值取向从集体向个体的调整；三是在功能上，幼儿劳动教育则从单纯技能培养扩展到综合素养的提升，以促进幼儿健康发展为目标。尽管这一时期对幼儿劳动教育进行了积极探索，但受社会因素的影响，仍存在体制不完善、内容划分不明确、教师队伍建设滞后等问题[4]，表明这一阶段幼儿劳动教育正处于起步阶段。同时，"训练教育""技能"等关键词的出现，也反映了这一时期幼儿劳动教育仍侧重通过训练提升幼儿的劳动技能，以达到提升幼儿能力的教育效果。

其次，在幼儿劳动教育研究的积淀阶段（2006~2017 年），劳动教育以其独特价值成为素质教育不可或缺的一环，受到学界广泛关注。随着 2006 年新修订的《中华人民共和国义务教育法》的颁布和实施，我国义务教育经费保障机制得以完善，为从"有学上"迈向"上好学"奠定了基础。自此，基础教育从追求数量转向追求质量，培养学生综合素质成为基础教育的重要改革方向。2010 年，《国家中长期教育改革和发展规划纲要（2010~2020 年）》明确提出要加强

---

[1] 中国学前教育研究会编《中华人民共和国幼儿教育重要文献汇编》，北京师范大学出版社，1999。
[2] 《中华人民共和国教育法》，教育部网站，http://www.moe.gov.cn/jyb_sjzl/sjzl_zcfg/zcfg_jyfl/202107/t20210730_547843.html。
[3] 《幼儿园教育指导纲要（试行）》，北京师范大学出版社，2001。
[4] 庞丽娟主编《中国教育改革 30 年》（学前教育卷），北京师范大学出版社，2009。

劳动教育，培养学生热爱劳动、热爱劳动人民的情感，提高学生综合素质。[1] 2012年颁布的《3~6岁儿童学习与发展指南》中，又倡导要让幼儿参加力所能及的劳动，以此萌发幼儿对劳动的情感，让幼儿从小树立尊重劳动人民、珍惜劳动成果的优秀品质。[2] 同年，党的十八大强调将劳动教育纳入人才培养全过程，贯通大中小学各学段以及家庭、学校和社会各方面。[3] 这一系列政策导向与重要会议精神一致表明，素质教育正逐步确立为教育改革的核心方向。其中，劳动教育以其独特价值，在促进学生全面发展、提升综合素质方面扮演着至关重要的角色。在此背景下，幼儿劳动教育作为素质教育不可或缺的一环，受到了学界的广泛关注。研究者们纷纷聚焦探索幼儿劳动教育的实施策略，特别是如何将马卡连柯与陈鹤琴的劳动教育思想有效地融入幼儿劳动教育实践以及创新性地将游戏与劳动教育深度融合。同时"家庭""劳动习惯"等关键词的高频出现，也反映了这一时期家庭在幼儿劳动教育中的作用日益显著。家庭与幼儿园共同策划并实施多样化的劳动教育活动，以更有效地培育幼儿劳动意识与劳动情感。然而，需要注意的是，幼儿劳动教育领域的学术论文发表量在这一阶段仍显不足，教育实践在追求创新与个性化方面尚有较大的提升空间。此外，对于家庭和社会在幼儿劳动教育中扮演的具体角色及其发挥的作用，尚需开展更为深入细致的研究，以期推动幼儿劳动教育向更深层次、更广领域全面发展。

最后，在幼儿劳动教育的深化阶段（2018~2022年），幼儿劳动教育的研究呈现出蓬勃发展趋势，研究视角呈现出多元化特征。2021年，国务院在《中国儿童发展纲要（2021~2030年）》中明确指出加强劳动教育，引导儿童树立正确的劳动观念，培养良好的劳动习惯，并着重培育勤劳、奋斗、创新、奉献的劳动精神。[4] 这一阶段，幼儿劳动教育的研究呈现出蓬勃发展的态势。一方面，不断吸纳新理念，拓宽研究视角。如"五育融合""STEM理念""具身性理念""忠于

---

[1] 《国家中长期教育改革和发展规划纲要（2010~2020年）》，教育部网站，http://www.moe.gov.cn/srcsite/A01/s7048/201007/t20100729_171904.html。
[2] 《3~6岁儿童学习与发展指南》，首都师范大学出版社，2012。
[3] 胡锦涛：《坚定不移沿着中国特色社会主义道路前进 为全面建成小康社会而奋斗——在中国共产党第十八次全国代表大会上的讲话》，人民出版社，2012。
[4] 《国务院关于印发中国妇女发展纲要和中国儿童发展纲要的通知》，中国政府网，http://www.gov.cn/gongbao/content/2021/content_5643262.htm。

生活""活动论"等①,这些理念为幼儿劳动教育研究提供了新视角。另一方面,研究者们注重探究幼儿劳动教育的实施策略,以寻求提升幼儿劳动教育质量,不仅针对教育实践中的难题提出了切实可行的解决策略,而且为幼儿园劳动教育的课程建设提供了有益指导。同时,各地幼儿园结合实际情况和幼儿特性,尝试将劳动教育与日常生活、节日活动、游戏等相结合,在一定程度上丰富了幼儿劳动教育的实施方式。相较于前两个阶段,这一时期幼儿劳动教育的研究视角呈现出多元化特征,更加聚焦幼儿劳动教育的本质,致力于通过培育幼儿劳动素养,全面促进幼儿身心健康发展,这从"五育并举""素质教育""一日生活""家园协同"等关键词的高频出现可以得到充分印证。尽管这一时期幼儿劳动教育在理念与实践层面均取得了显著的进展,但从整体上看,我国幼儿劳动教育仍然是学前教育体系中发展较为薄弱的环节。未来,幼儿劳动教育的探索之路仍然漫长且充满挑战。

三 幼儿劳动教育研究现状审思

在过去的40年间,幼儿劳动教育经历了前所未有的蓬勃发展与深刻变革。借助 CiteSpace 可视化软件所绘制的发文量、发文机构及关键词等多维度图谱,并结合研究者们对幼儿劳动教育在意义阐释、内涵界定、内容构成、思想精髓提炼、实践现状深度审视以及实施路径探索等方面的研究成果展开分析,不仅使我们对幼儿劳动教育领域的历史演进和总体研究状况形成了更为全面而深刻的认识,而且为该领域的后续研究与发展提供了宝贵的借鉴与启示。

(一)幼儿劳动教育的研究现状分析

在过去的40年间,研究者们在幼儿劳动教育领域持续深耕,广泛探讨其价值意义,深刻挖掘其内涵精髓,系统梳理其思想内容,全面归纳其核心内容,细致描绘其现状图景,多维度、全方位地探索幼儿劳动教育的实施途径,为幼儿劳动教育的后续发展奠定了坚实的理论基础与实践指南。

1. 对幼儿劳动教育意义的多重理解

第一,认为幼儿劳动教育的意义在于促进幼儿全面和谐发展。王海英从五

---

① 陈云龙、吴艳玲:《新时代劳动教育的内涵、特征与价值》,《人民教育》2020年第7期。

育关系角度出发,强调新时代教育应致力于五育融合发展,实现劳动教育与德、智、体、美四育相互渗透和有机统一,以此促进幼儿身心、思维和社会性全面和谐发展。① 黄济则着重阐述劳动教育在人才培养体系中的独特地位,主张劳动教育应与德育、智育、体育及美育获得同等地位,共同构筑人的全面发展基石。② 郑娟玉从劳动教育对幼儿品质培育的积极作用入手,指出劳动实践不仅锤炼幼儿人际交往能力,更培养其坚忍不拔、勇于挑战的优秀品质。③ 唐甜进一步强调,劳动教育对幼儿劳动素质的提升至关重要,将引导幼儿形成正确的劳动观念,激发劳动情感,提升劳动技能,并在实践中锻炼问题的解决能力,全面提升幼儿的学习能力和综合素养。④

第二,认为幼儿劳动教育的意义在于促进幼儿劳动教育的发展。党的十八大以来,劳动教育逐步成为高质量教育体系的重要组成部分。2018年全国教育大会上,习近平总书记强调,要培养孩子们从小热爱劳动、热爱创造,通过劳动和创造播种希望、收获果实,同时磨炼意志。这一理念在中共中央、国务院《关于全面加强新时代大中小学劳动教育的意见》中得到进一步阐释:强调劳动教育应反映时代精神,培养学生的自主意识,培养科学的劳动观念,并提升创造性的劳动能力。⑤ 马雪琴和马富成两位学者也指出,新时代的幼儿劳动教育不应仅仅停留在传授劳动知识和技巧、培养良好习惯的层面,更重要的是,要通过劳动教育的渗透,将社会主义核心价值观融入幼儿的心灵,激发幼儿的劳动意识和创新精神。⑥ 陈琼和柳友荣认为,当前幼儿劳动教育的目标并非仅仅在于获取劳动的相关知识,而是要追求高质量的劳动教育,如此才能为幼儿的全面发展提供有力支撑。⑦

第三,认为幼儿劳动教育的意义在于构建新时代高质量教育体系。新时代

---

① 王海英:《新时代幼儿劳动教育的价值意蕴及实践路径》,《宁波教育学院学报》2023年第5期。
② 黄济:《关于劳动教育的认识和建议》,《江苏教育学院学报》(社会科学版)2004年第5期。
③ 郑娟玉:《浅谈幼儿园劳动教育的意义及实施策略》,《幼儿教育研究》2019年第2期。
④ 唐甜:《探究幼儿教育中劳动实践体验活动开展的教育意义》,载《中小幼教师新时期首届"教育教学与创新研究"论坛论文集》,2022。
⑤ 《中共中央 国务院关于全面加强新时代大中小学劳动教育的意见》,中国政府网,https://www.gov.cn/zhengce/2020-03/26/content_5495977.htm。
⑥ 马雪琴、马富成:《新时代幼儿劳动教育课程化:价值、困境与实现路径》,《教育与教学研究》2021年第12期。
⑦ 陈琼、柳友荣:《高质量幼儿劳动教育的价值追求与实践理路》,《中国人民大学教育学刊》2021年第4期。

教育改革的核心，聚焦建设高质量教育体系，已成为办好人民满意教育的关键所在。[1] 学前教育作为基础教育之基，在幼儿阶段进行劳动教育，无疑为构建高质量教育体系提供了重要支撑。2020年7月，为全面加强劳动教育，教育部印发了《大中小学劳动教育指导纲要（试行）》，明确了劳动教育在中国特色社会主义教育制度中的核心地位，并全面指导了劳动教育的实施，包括性质、基本理念、目标内容、实施途径、关键环节、评价体系、条件保障及专业支持等方面，旨在培养社会主义建设者和接班人的劳动精神、劳动价值和劳动技能。[2]

2. 对幼儿劳动教育内涵的具体阐释

顾明远在《教育大辞典》第二卷中指出，幼儿劳动教育是幼儿通过直接实践和间接模仿获取正确劳动认知、态度、习惯及情感的教育活动，并指出这一教育的核心目的在于培养幼儿热爱劳动、珍惜劳动成果的品质，并使其掌握一定的劳动技能。[3] 霍力岩则认为，幼儿劳动教育是指在成人指导下，幼儿通过劳动实践习得知识和技能，同时萌发劳动情感的过程。[4] 罗向东、贾周芳和李江红强调，幼儿劳动教育与成人劳动教育存在本质的区别，它要求教育者积极引导幼儿参与劳动实践，让幼儿在实践中获取生活知识、锻炼动手能力，并提高自身角色认知，从而为将来更好地融入与适应社会奠定坚实的基础。[5] 尽管"幼儿劳动教育"作为一个重要概念，在幼儿教育领域具有不可忽视的地位，但常用权威词典中却未提供对"幼儿劳动教育"的具体解释。例如，在《辞海》在线查询以及《中国大百科全书》《新华词典》《汉语大词典》中输入"幼儿劳动教育"词条时，仅出现"幼儿教育""幼儿期""劳动教育""劳动"等相近或相关词条的解释，这一现象反映了当前词典对于该领域词条的收录尚待完善。

3. 对幼儿劳动教育思想的深入挖掘

在幼儿劳动教育思想研究领域，研究者们深入探讨了马卡连柯、裴斯泰洛齐与苏霍姆林斯基的劳动教育思想。苏霍姆林斯基本人将劳动教育观念充分运

---

[1] 求是杂志编辑部：《新时代加快建设教育强国的根本遵循》，《求是》2023年第18期。
[2] 《教育部关于印发〈大中小学劳动教育指导纲要（试行）〉的通知》，《中华人民共和国教育公报》2020年第Z2期。
[3] 顾明远主编《教育大辞典》（第二卷），重庆大学出版社，2015，第934页。
[4] 霍力岩：《幼儿劳动教育：内涵、原则与路径》，《福建教育》2018年第47期。
[5] 罗向东、贾周芳、李江红：《幼儿劳动教育的内涵、价值与实施策略》，《内蒙古师范大学学报》（教育科学版）2021年第3期。

用在帕夫雷什中学的教育活动中，实现了劳动教育理论与实际动手操作的充分结合，帮助学生习得劳动技能技巧，以更好地适应社会发展。在"贫儿之家"中，裴斯泰洛齐将劳动教育与教学结合，为后续幼儿劳动教育的发展奠定了坚实的基础。有学者从劳动教育的重要性和开展途径两方面论述了马卡连柯的劳动教育思想。如张馨源认为，马卡连柯的劳动教育思想主要表现在两个方面：一是强调劳动教育在教育体系和人的全面发展中至关重要，二是论述劳动教育开展的重要途径，[①] 由此提出幼儿阶段应在集体和家庭中注重劳动意识培育，以促进幼儿全面发展。另有学者将研究视野聚焦苏霍姆林斯基的劳动教育思想，如朱博指出苏霍姆林斯基的劳动教育思想论述了劳动教育对于人思想面貌改善和精神充实的重要性，强调幼儿阶段进行劳动教育能改善幼儿的思想观念。[②] 国内幼儿劳动教育思想研究主要以陶行知"教学做合一"的劳动教育思想和陈鹤琴家庭劳动教育思想为研究重点。具体而言，李瑶指出陶行知劳动教育思想的目的主要包括四个方面：手脑并用的协调发展，自立能力的有效加强，对事物的深知灼见，对劳动者的劳作共情。[③] 由此认为幼儿劳动教育的方法应是"教学做合一"，以具体劳动实践活动为途径培养幼儿劳动认知以及劳动技能技巧。刘军豪认为陈鹤琴的家庭劳动教育思想具体分为三点：以生活技能为重点的日常生活劳动、以养成卫生习惯为目标的自我服务性劳动和以塑造良好品格为导向的家庭服务性劳动。[④]

4. 对幼儿劳动教育内容的多维分类

在已有研究中，学者们依据不同维度，对幼儿劳动教育内容进行了不同层次的划分。一些学者基于劳动种类对幼儿劳动教育内容进行划分。如虞永平根据劳动教育的场域来进行划分，认为幼儿阶段的劳动教育主要是指幼儿园和家庭中的自我服务性劳动。[⑤] 徐佳鑫则结合陈鹤琴先生劳动教育思想、《3~6岁儿童学习与发展指南》以及《幼儿园教育指导纲要（试行）》，将幼儿劳动教育

[①] 张馨源：《马卡连柯劳动教育思想内涵对幼儿劳动教育的启示》，《现代职业教育》2021年第9期。

[②] 朱博：《苏霍姆林斯基劳动教育思想研究》，硕士学位论文，华中师范大学，2019。

[③] 李瑶：《陶行知的劳动教育思想及其对幼儿劳动教育的启示》，《四川职业技术学院学报》2022年第3期。

[④] 刘军豪：《陈鹤琴家庭劳动教育思想的内涵、原则与路径》，《陕西学前师范学院学报》2020年第8期。

[⑤] 虞永平：《劳动是幼儿综合的学习》，《今日教育》（幼教金刊）2019年第2期。

内容划分为自我服务性劳动、集体服务性劳动、种植饲养劳动和手工劳动四种劳动类型。① 通过阅读《陈鹤琴全集》不难发现，以上学者对幼儿劳动教育内容的划分，受著名教育家陈鹤琴教育思想的影响。陈鹤琴从服务的对象出发，将幼儿劳动教育的内容分为自我服务型劳动、公益性劳动以及种植、饲养劳动活动三种；② 另一些学者认为，幼儿劳动教育内容应根据幼儿年龄进行划分。《3~6岁儿童学习与发展指南》中，根据3~4岁、4~5岁以及5~6岁的年龄阶段，对自我服务性劳动进行了详细的划分，指出"3~4岁的幼儿在成人帮助下能穿脱衣服和鞋袜，整理玩具等"，"4~5岁的幼儿能独立地穿脱衣服、鞋袜和扣纽扣，并整理个人物品"，"5~6岁的幼儿能根据天气自主增减衣服，自主系鞋带和按类别进行物品整理"。③ 还有一些学者依据幼儿所在年级划分劳动教育的内容，如海建利以幼儿年级为依据对劳动教育内容进行划分，认为小班幼儿在成人引导下主要进行以自我服务为主的劳动，中大班幼儿则能够独立自主地进行力所能及的"利他"性的集体服务性劳动。④ 郭映彤则对劳动教育内容进一步细化，认为小班应以简单、短时的自我服务性劳动为主，中班在此基础上融入集体服务性劳动，大班则进一步拓展至更具社会意义的公益性劳动。⑤

5. 对不同主体实施幼儿劳动教育的现状探究

我国幼儿教育体系主要以幼儿园为主体，以家庭为基础，以社区为辅助，呈现出家园社协同共育的格局。在已有研究中，有研究者重点关注幼儿园劳动教育的实施现状，如徐佳鑫通过运用问卷法、访谈法和观察法，对江西省南昌市6所幼儿园实施劳动教育的现状进行调查后发现，幼儿园教师对劳动教育的认知模糊，幼儿园开展劳动教育的内容过于简单、实施途径较为单一、劳动教育资源匮乏、劳动成果评价功利化。⑥ 另有研究者则注意到家庭在幼儿劳动教育中的责任缺失，如范莉娟通过问卷法和访谈法对家庭劳动教育现状进行调查后发现，由于溺爱幼儿和过分重视智育等原因，部分家长不重视劳动教育，幼儿

---

① 徐佳鑫：《幼儿劳动教育存在的问题及对策研究——以江西省南昌市为例》，硕士学位论文，江西师范大学，2020。
② 陈鹤琴：《陈鹤琴全集》，江苏教育出版社，2008，第15~18页。
③ 《3~6岁儿童学习与发展指南》，首都师范大学出版社，2012。
④ 海建利：《"多维劳动教育"的有效开展》，《中国教育学刊》2020年第S2期。
⑤ 郭映彤：《新时代背景下加强幼儿劳动教育的思考》，《教育观察》2019年第12期。
⑥ 徐佳鑫：《幼儿劳动教育存在的问题及对策研究——以江西省南昌市为例》，硕士学位论文，江西师范大学，2020。

劳动机会较少。① 还有研究者则将研究视野聚焦家园社共育的劳动教育，如马欢欢通过行动研究法对幼儿园、家庭和社区的劳动教育现状进行调查后发现，部分家长轻视劳动教育，剥夺幼儿的劳动机会，同时，幼儿园未能有效整合家庭与社区的资源，影响了劳动教育的实施效果。② 由上可知，幼儿劳动教育在幼儿园、家庭和社区层面呈现出一定的弱化现象，具体表现为劳动目标扭曲、劳动环境"去自然化"、劳动内容单一以及劳动评价趋于功利化等问题。通过分析不同主体实施幼儿劳动教育的现状不难发现，从研究对象看，已有研究多集中于对大班幼儿劳动教育现状进行研究，而缺乏对中班及小班幼儿劳动教育现状进行探讨；从研究层次看，目前虽有14篇幼儿劳动教育的硕士论文，但博士论文层面的相关研究资料仍然匮乏；从研究结果看，现有研究大多是基于幼儿劳动教育的实践现状进行的较为浅显的分析，对幼儿劳动教育的深层次问题缺乏从根源进行的阐释与分析。

6. 对幼儿劳动教育实施路径的积极探索

一些研究者认为，构建幼儿园劳动教育的园本课程是实施劳动教育的主要途径。如罗向东认为应依据园内自然与社会文化环境及资源条件，建设劳动教育园本课程体系，以有效开展幼儿劳动教育。③ 游戏作为与幼儿身心发展水平相适应的主要活动，将劳动教育游戏化能充分调动幼儿参与劳动的热情。杨涛认为，劳动教育的游戏化策略不仅能够让幼儿在游戏环节中轻松熟悉并掌握各种劳动工具，还能够在劳动实践操作的过程中有效培养幼儿的劳动意识，并逐步养成他们热爱劳动的良好习惯。④ 另一些研究者从家庭、幼儿园和社区等多方合作的立场，提出解决劳动教育问题的策略。如黄媛莲建议教师和家长应转变劳动教育观念，通过协同整合场地资源、拓展劳动教育平台等方式，携手构建家园社劳动育人共同体。⑤

---

① 范莉娟：《幼儿家庭劳动教育调查研究——以J市某公立幼儿园为例》，《教育观察》2021年第12期。
② 马欢欢：《家园合作培养幼儿劳动行为习惯的行动研究》，硕士学位论文，湖南师范大学，2021。
③ 罗向东、贾周芳、李江红：《幼儿劳动教育的内涵、价值与实施策略》，《内蒙古师范大学学报》（教育科学版）2021年第3期。
④ 杨涛：《杜威"经验自然主义教育观"中幼儿劳动教育启蒙的意蕴与启示》，《成都师范学院学报》2020年第8期。
⑤ 黄媛莲：《幼儿劳动教育的家园共育路径探索》，《广西教育》2023年第22期。

(二)幼儿劳动教育存在的问题探析

尽管在过去的40年里,幼儿劳动教育取得了诸多具有代表性的成果,其研究视角逐渐多元化,研究主题也日益多样化。但是不可否认的是,已有研究存在一些亟待解决的问题与值得拓展的空间。

1. 幼儿劳动教育的研究环境亟须优化

当前,幼儿劳动教育领域正面临研究环境方面的诸多挑战,亟须采取有效措施进行优化与改善。一方面,研究群体缺乏合作与交流。从作者共线图谱可知,研究者多是独立自主从事相关研究,相互之间合作力度低,尚未形成紧密联系的合作群体。从发文机构表可知,东部地区及一线幼儿园发文数量较多,但研究深度相对有限。同时,各发文机构间联系松散,东中西部研究机构之间缺乏有效合作,未能形成协同研究网络,这在一定程度上限制了幼儿劳动教育研究的深度与广度。另一方面,已有研究中采用的研究方法难以适应当前研究需要,多数研究者倾向于采用问卷法、访谈法和观察法等常规的现状调查方法,并且这些方法得出的结论以经验性总结为主。此外,个案研究法运用虽多,但其数据资料缺乏共通性,在一定程度上限制了研究结果的广泛适用性。

2. 幼儿劳动教育的研究深度仍需挖掘,研究创新性有待提高

通过细致解读图谱背后的深层含义,并结合研究者对幼儿劳动教育的广泛研究不难发现,幼儿劳动教育领域在深度挖掘与创新发展方面存在明显不足,具体表现为以下三个方面。

一是对幼儿劳动教育实质的探究尚显薄弱。已有研究存在两种对幼儿劳动教育本质及价值认识上的误区。一种是错误地将劳动视为奖惩工具、技能习得途径以及休闲娱乐方式,脱离实际生活谈幼儿劳动教育。另一种是将劳动作为实现外在教育目的的手段,未能充分认识到劳动作为人的内在需求所蕴含的教育价值。

二是幼儿劳动教育的研究内容缺乏创新性。已有研究在内容上缺乏深度与创新性,多聚焦对幼儿劳动教育现状与问题解决策略的研究,而这些策略往往基于经验性总结,在阐释上缺乏系统的基础理论支撑。如幼儿劳动教育的价值、内涵等核心问题,只是散见于相关文献中,对幼儿劳动教育缺少实质性、系统性的认识与理解,导致研究深度不足。

三是幼儿劳动教育的研究结论同质化问题较为严重。已有研究中对幼儿劳动教育实施策略的研究，呈现研究结论同质化、研究途径单一化的不足。针对幼儿劳动教育在实践领域存在的问题，现有研究中提出的解决策略往往过于模式化，缺乏创新性。此外，幼儿劳动教育组织形式机械枯燥，如某些幼儿园将种植饲养区固定为劳动教育的专门场所，限制了劳动教育的多样性与趣味性。

3. 幼儿劳动教育的相关保障体系亟须构建

尽管幼儿劳动教育研究正日益受到学界的密切关注，但从研究成果中不难发现，当前幼儿劳动教育仍面临系统性保障缺失的困境，具体表现为以下两个方面。

一方面，幼儿劳动教育缺乏顶层设计支持，尽管在《3~6岁儿童学习与发展指南》《幼儿园教育指导纲要（试行）》《幼儿园工作规程》等文件中的子目标层面有涉及幼儿劳动教育的相关内容，但从相关政策文本来看，国家层面尚未出台正式的加强幼儿劳动教育的相关文件，导致在幼儿劳动教育的实践层面缺乏相应的政策引导与体制保障，也就使得当下能否顺利实施幼儿劳动教育及其开展成效如何，很多只能凭借教师和家长们的意愿和认可度来决定。如此一来，幼儿劳动教育的实效性自然难以得到保证。

另一方面，幼儿劳动教育课程体系尚未完善。尽管已有诸多尝试和努力致力于构建园本劳动教育课程，然而，一个全面且系统的幼儿劳动教育课程体系至今尚未成形，这已成为制约幼儿劳动教育深入发展的关键性因素。幼儿劳动教育体系的缺失，不仅导致劳动教育的课程目标难以精准对接幼儿身心发展的实际需求，而且使得劳动教育的课程内容趋于狭隘和片面，实施路径趋向单一和固化，评价体系流于表面，以上问题严重制约了幼儿劳动教育育人功能的充分发挥。因此，需要社会多方合力，积极构建幼儿劳动教育的相关保障体系，为此，也需要幼儿劳动教育的相关研究者们加强这方面的探索。

四 幼儿劳动教育研究的未来路向

改革开放以来，生产力、生产关系的深刻变革极大地影响了人们的劳动观念与劳动意识。步入社会转型与经济科技飞跃发展的新时代，人们逐渐由生产领域迈向消费前沿，劳动也摆脱了传统认知中资本剥削的标签，成为推动个人成长与社会发展的强大力量。劳动形态更是经历了从手工劳动到机器劳动再到智能劳动的转变。这一系列变化对新时代劳动教育提出了新的要求,新时代劳动教育需秉持新旧兼容、持续发展的教育理念,深刻洞察并践行劳动教育的核心价值,将教育与生产劳动视为既独立又相互联系的两大系统,摒弃传统的、形式化的结合方式。在此背景下,幼儿劳动教育被赋予了更深层次的内涵,即启蒙幼儿的劳动意识,培育其劳动自信,并注重通过"具身性"体验来深化教育效果。为此,未来幼儿劳动教育需从以下几个方面着手进行改进和创新。

(一)重塑幼儿劳动教育研究者群体关系

新时代的劳动辩证关系已深刻超越了简单的对立统一观念,深入劳动内核,聚焦否定与肯定、延异与叠加、隙裂与转化等动态过程的交织演变。这一过程凸显了开放性与多元决定性,预示着劳动发展将迈向多元化、复杂化。在劳动实践中,人、自然、社会及劳动与资本间的辩证关系因新兴复杂中介因素而更加错综复杂[1],劳动关系趋向多元复杂,深刻影响了劳动教育。面对这一变化,幼儿劳动教育领域的研究者必须高度重视群体关系与研究方法的更新。

一方面,复杂的劳动关系亟须集合众多研究者的智慧。借助"互联网+"、云端技术及大数据等平台,构建一个全面而丰富的劳动教育资源库与高效的合作网络。这不仅可以实现研究数据与成果的即时共享,而且可以打破地域限制,促进研究者间合作与交流,为幼儿劳动教育的持续发展奠定坚实的基础。

另一方面,传统研究方法难以适应当前研究需求。因此,在未来相关研究中,须更新研究方法,强化数据收集的全面性,通过融合质性研究、实证研究、案例研究等多元视角,深入挖掘劳动教育相关数据,以突破单一视角的局限,从而拓宽研究广度与深度,为幼儿劳动教育实践研究提供有力支撑。

(二)厘清幼儿劳动教育的相关核心概念

幼儿劳动教育实践中出现的视劳动为奖惩媒介、实施策略趋向单一化等问题,其主要原因在于幼儿教师对幼儿劳动教育核心概念的理解尚存模糊。[2] 为切

---

[1] 肖绍明、扈中平:《新时代劳动教育何以必要和可能》,《教育研究》2019年第8期。
[2] 班建武:《"新"劳动教育的内涵特征与实践路径》,《教育研究》2019年第1期。

实规避上述问题，培养幼儿创造性劳动思维，幼儿教师亟须领悟并厘清以下几组核心概念之间的关系。

第一，需明确"劳动教育"与"智育"的关系。"智育"聚焦的是对幼儿知识与技能的培养，而"劳动教育"则侧重的是对幼儿劳动意识与习惯的培养，二者相辅相成，共同促进幼儿的全面成长。将劳动教育与智育深度融合，可以有效避免"应试教育"下幼儿成为"四体不勤、五谷不分"的书呆子，以实现幼儿知识与体能的双重成长。

第二，需明确"劳动教育"与"劳动"的关系。《中国大百科全书》（哲学卷）将劳动定义为人类特有的、基本的社会实践活动，旨在通过有目标的活动改造自然实践，并在这一活动中不断塑造和改造人自身。[1] 由此可知，"劳动"主要聚焦培养幼儿的动手实践能力，而"劳动教育"的核心则在于"教育"，其目的在于通过引导幼儿积极参与劳动，重在培养幼儿的劳动意识与劳动习惯。

第三，明晰"劳动教育"与"闲暇"之间的本质区别。"劳动"和"闲暇"是人类生存的两种基本状态，"劳动"是"闲暇"的前提和基础。在"闲暇"状态下，幼儿处于自由自在的放松状态，没有外在规则的限制，而"劳动教育"则要求幼儿专注投入，遵循现实规则，将自身行为作用于现实世界，从而收获劳动成果。[2] 可见，"劳动教育"与"闲暇"二者既相互联系又本质迥异，如果混淆了幼儿劳动教育与闲暇的界限，不仅会模糊二者本质之间的界限，更是偏离了幼儿劳动教育重在培养人的初衷。

第四，需处理好幼儿园、家庭与社区的关系。幼儿园无疑是劳动教育的核心担当主体，家长则是幼儿劳动教育的第一位引导者，而社区则是幼儿劳动教育的强有力后盾，为幼儿劳动教育提供丰富的资源与广阔的平台。为此，未来亟须构建以幼儿园为主导、以家庭为基础、以社区为辅助的幼儿劳动教育联动体系，通过三方合力共同培养幼儿热爱劳动、尊重劳动的良好品质，为幼儿身心全面发展奠定坚实的基础。

---

[1] 胡乔木、姜椿芳、梅益主编《中国大百科全书》（哲学卷），中国大百科全书出版社，1993，第1120~1121页。

[2] 赵荣辉：《劳动教育及其合理性研究》，中央民族大学出版社，2012。

(三)构建"五育融合"的幼儿劳动教育课程体系

新时代,在"育什么人"和"为谁育人"的问题已然明晰的情况下,"如何育人"以及如何进一步提升"育人质量"便成为未来教育应关注的焦点,而"五育融合"无疑是解决这些问题最重要的途径。① "五育融合"作为"五育并举,融合教育"的简称,旨在以劳动教育为纽带,将德育、智育、体育、美育紧密整合为一个育人的链条,以全面发挥其在"树德、增智、强体、育美"方面的综合育人价值。为有效培养幼儿的综合劳动素养,促进幼儿全面发展,幼儿园须从"五育融合"视角出发,构建幼儿劳动教育课程体系,为幼儿劳动教育的发展提供内驱力。

首先,确立聚焦劳动素养的幼儿劳动教育课程目标。"课程目标是依据教育宗旨和教育规律精心设定的,具体而明确地反映了课程核心价值与任务指标"②,对课程内容、实施与评价具有直接的影响作用。《大中小学劳动教育指导纲要(试行)》曾明确指出,劳动教育课程应紧密围绕学生劳动素养的培养,要求学生掌握基本的劳动知识和技能,正确使用常见劳动工具,增强体力、智力和创造力,促进学生全面发展。③ 因此,幼儿劳动教育的课程目标应紧密贴合幼儿身心发展的特点,聚焦幼儿劳动素养的培养,通过生活化的劳动活动,激发幼儿对劳动的兴趣,引导幼儿树立正确的劳动价值观。此外,在幼儿劳动教育课程目标的设立上,还应充分考虑劳动教育与德育、智育、体育、美育的内在联系,通过设计具有挑战性的实践劳动,促进五育知识的深度融合与相互渗透,以此打破五育间知识的壁垒。

其次,选择以幼儿为本的幼儿劳动教育课程内容。依据皮亚杰的认知发展理论,3~6岁幼儿正处于前运算阶段,其认知世界的方式高度依赖于直观感知与直接经验,这一过程对他们的全面发展至关重要。因此,幼儿劳动教育课程内容应以劳动素养为指引,紧密围绕幼儿这一中心,精准对接幼儿身心发展的阶段性特征,科学选择并组织既符合幼儿当前发展水平,又利于其长远发展的课程内容。具体而言,应依据幼儿不同年龄段的心理发展特点与动作能力水平,

---

① 李政涛:《"五育融合",提升育人质量》,《中国教师报》2020年1月1日。
② 王本陆:《课程与教学论》,高等教育出版社,2017,第75页。
③ 《教育部关于印发〈大中小学劳动教育指导纲要(试行)〉的通知》,《中华人民共和国教育公报》2020年第Z2期。

结合小班、中班、大班幼儿的认知与行为特征，分阶段、分层次地规划课程内容，以确保课程内容的适宜性、进阶性和连贯性。例如，小班阶段侧重培养幼儿的劳动兴趣与基本生活自理能力；中班阶段则可以逐步增加劳动的复杂度，引导幼儿参与更多的合作性劳动，以培养幼儿团队协作与初步解决问题的能力；大班阶段则可以更加注重对幼儿劳动的创造性与责任感的培养，鼓励幼儿进行自主性劳动项目设计，以提升幼儿的综合劳动素养。

再次，强调回归生活的幼儿劳动教育课程实施方式。劳动源于生活并归于生活，为劳动教育提供真实场景和实践基础。如果幼儿劳动教育脱离了生活，则易陷入幼儿园劳动教育的误区。因此，幼儿劳动教育应回归生活，忠于并深入生活，确保课程与生活紧密相连。在具体操作上，可以尝试以下两种做法。一是采取项目式学习法，策划与幼儿生活紧密相关的劳动主题活动。例如，可以开展"劳动能力小达人"竞赛，让幼儿通过整理玩具、摆放餐具、种植养护等日常劳动任务，点燃幼儿参与劳动的热情，让幼儿在轻松氛围中习得一定的生活技能，充分实现劳动教育在幼儿日常活动中的自然融入与深化。二是采用游戏化教学方式，将劳动教育与游戏深度融合。例如，可以开展"角色扮演"游戏，通过让幼儿扮演超市收银员、快递员、厨师等日常生活角色，在游戏中亲身体验不同职业的劳动过程，从而有效提升幼儿的综合劳动素养能力。

最后，构建注重劳动素养的幼儿劳动教育课程评价体系。在"五育融合"视域下，幼儿劳动教育体系应完善幼儿劳动素养评价机制，将劳动素养纳入幼儿综合素质评价体系之中，构建全面多元的幼儿劳动教育评价体系。早在中共中央、国务院颁布的《深化新时代教育评价改革总体方案》中就已明确提出应加强劳动教育评价的要求。[①] 因此，为有效发挥评价的导向作用，构建幼儿劳动教育评价体系应从劳动观念、劳动能力、劳动习惯和劳动品质这四个维度出发，制定幼儿劳动素养评价的标准。具体而言，一是要注重幼儿劳动教育评价之"全"。通过定性与定量相结合的评价方式，对幼儿在日常生活和劳动实践中的真实表现，以及与幼儿劳动相关的作品和成果，进行全面而综合的评价。二是要注重幼儿劳动教育评价之"新"。一方面通过利用人工智能、大数据等数字化技术，构建智能化幼儿劳动教育评价平台。另一方面可以借助人工智能的智能

---

① 《深化新时代教育评价改革总体方案》，中国政府网，https://www.gov.cn/gongbao/content/2020/content_5554488.htm。

识别与分析能力，以及大数据的广泛数据处理的能力，实现对幼儿劳动过程的实时记录与精准评估。三是要注重幼儿劳动教育评价之"实"。通过邀请家长、高校专家及幼教专家等多方主体，共同参与幼儿劳动素养的综合评价，并将评价结果纳入幼儿的综合评价体系中，使其成为衡量幼儿全面发展的重要指标之一。

（编辑：赵荣辉）

·历史回眸·

近代中国劳动教育发展沿革的历史考察[*]

王晓慧　闫思豫[**]

摘　要：1840~1949年，近代中国劳动教育历经起步（1840~1921年）、塑形（1921~1937年）、深化（1937~1945年）、调适（1945~1949年）四个发展阶段。起步阶段以"西学东渐"突破"劳心者治人"传统观念，推动农工实科进入新式学制体系；塑形阶段中国共产党将劳动教育与阶级意识觉醒相结合，构建"教育为工农服务"的新型范式；深化阶段通过建构制度化战教融合体系，实现劳动教育从斗争工具向生存本体的功能转向；调适阶段依托"土改即教育"实践，推动劳动教育从技能传授向政权认同培育转型。近代劳动教育呈现出从器物层面向价值层面深化演进、从技能培训向主体性建构转型升华的双重轨迹，为当代劳动教育突破工具理性桎梏、在真实劳动情境中促进人的全面发展提供历史镜鉴。

关键词：近代中国　劳动教育　中国共产党　历史沿革

马克思主义认为，劳动是人的类本质。中国共产党历来坚持的劳动教育方针是教育与生产劳动相结合。新时代劳动教育是全面发展教育的重要组成部分。进入新时代，劳动教育被赋予新的时代内涵，其时代价值逐渐彰显。当前，学界对劳动教育的研究聚焦新时代劳动教育本质及其价值理论与实践研究，史学分析则作用于上述研究的历史逻辑阐释[①]，专门的历史性研究相对较少。有关劳动教育历史的研究，从研究时期来看，更多集中在1949年新中国成立以后[②]，

---

[*] 基金项目：本文系2021年度国家社会科学基金高校思政课研究专项"中国共产党百年妇女思想政治工作的历史与经验研究"（项目编号：21VSZ019）、中央高校基本科研业务费华中农业大学自主科技创新基金"文脉薪传计划"培育项目（2025）的研究成果。

[**] 王晓慧，华中农业大学马克思主义学院副教授、硕士生导师，主要研究领域为中国近现代史、思想政治教育史；闫思豫，华中农业大学马克思主义学院硕士研究生，主要研究领域为思想政治教育。

[①] 胡玉玲、李珂：《习近平关于劳动教育重要论述的四重逻辑》，《教学与研究》2024年第8期；张晓芳：《劳动教育的历史逻辑和现实重构》，《中学政治教学参考》2022年第28期。

[②] 张雨强、张书宁：《新中国成立70年劳动教育的历史演变——基于教育政策学的视角》，《中国教育学刊》2019年第10期；徐海娇、艾子：《新中国成立70年我国劳动教育价值取向的历史进程与反思展望》，《广西社会科学》2019年第11期。

有关近代的研究则集中于新民主主义革命时期或1921年中国共产党成立以来[①]。从研究内容来看，以劳动教育内涵、形式及其特点的历史演变和历史经验为主。[②] 从研究视角来看，包含基于特定时期或时段劳动教育思想、劳动教育政策及劳动教育方针转变的研究。[③] 可见，当前基于特定时期或对象的专门性研究相对丰富，而系统梳理、全面分析中国近代百年劳动教育发展沿革者较为鲜见。

以古鉴今，纵观我国劳动教育发展和劳动教育现代化历程，近代中国劳动教育的历史沿革，为新中国劳动教育理论和实践奠定了基础。中国近代劳动教育史是指自1840年鸦片战争爆发到1949年中华人民共和国成立前夕的劳动教育发展史。中国近代劳动教育与古代劳动教育的重要区别在于劳动教育开始以"手工、缝纫、烹饪、木工"等具体课程和内容为标志跻身近代学校教育系统当中，成为一门专门学科。近代劳动教育的产生和发展是中国近代学校教育变革的重要组成部分，体现了潜隐于古代劳动教育史中"道德教育与日常生活劳动相结合"的观念在近代劳动教育实践中有了新的突破。本文梳理了近代百年中国教育史中劳动教育史的发展沿革，并在此基础上对于历史经验与不足展开分析，为新时代劳动教育的发展提供历史镜鉴。

一 1840~1921年：西学东渐中的劳动教育本土化探索起步

1840年以后，中国传统教育开始向近代教育逐渐过渡和转型。与此同时，大量西方教育思想传入中国，大大激发了中国知识分子的教育改革热情，平民教育、工读主义教育、职业教育、科学教育等思潮风起云涌，各种教育运动和教育实验层出不穷，形成当时教育改革的高潮，大大促进了中国近现代教育的发展。而在资本主义发展语境中，劳动教育被视作实现劳动者人格发展的有利条件。脱胎于当时的教育改革浪潮，在倡导学习西方以改革中国教育的过程中，

[①] 张正瑞：《中国共产党百年劳动教育历史经验与当代遵循》，《黑龙江高教研究》2020年第12期；刘向兵：《回归、贯通与升华：中国共产党百年劳动教育史的现实启迪》，《中国高等教育》2021年第24期。

[②] 位涛、刘铁芳：《劳动意涵的历史演变与劳动教育的当代实践》，《国家教育行政学院学报》2022年第3期；李建国、杨婷婷：《中国共产党领导学校劳动教育的历史演进、基本经验及启示》，《学习与实践》2021年第2期。

[③] 王秀杰、邱吉：《劳动教育思想的历史嬗变与价值创生进路》，《河南师范大学学报》（哲学社会科学版）2022年第5期；刘燚、张辉蓉：《建党百年来劳动教育的历史变迁与反思展望——基于教育方针分析的视角》，《国家教育行政学院学报》2021年第4期。

学术界意识到劳动教育的重要性。学者们纷纷强调劳动在国民性尤其是民众道德价值观形成上的重要作用，尤其要对读书人进行劳动教育，免得他们"四体不勤、五谷不分"，近代劳动教育也由此起步。

（一）从"贱业"到"价值觉醒"

清末民初，在西方教育思潮冲击下，一些先见之士呼吁转变对劳动教育的认识，试图打破教育阶级之分，通过教育对象的下移与扩大，以及教育为学生未来职业生活服务等相关教育举措，打破"劳心者治人，劳力者治于人"的千年桎梏，改变此前劳力者厌劳仇富的历史认知和皓首穷经而不事劳动的畸形心理。① 维新派重要思想家康有为在构筑他理想中的小学时，指出小学应有一些适合儿童心性的劳动类课程，如"金工、木工、范器、筑场"等，这样"既合童性之嬉"，也使得他们长大以后，"尤于工艺易精也"。② 再就是开始重视对"农业"等"稼穑"之事的教育，"农业""农政"等被视为专门学科。逐渐地，更多有识之士倡议将农工等设置为专门学校，瓦解教育阶级壁垒。同时期，一些比较著名的教育家留学归来后，尝试通过教育实验与改革等方式改变中国。陶行知在南京创立晓庄师范学校，成为著名的挑粪教授，他主张学生是在生活中接受包括劳动教育的各种教育，劳动教育也因此与学校教育间产生了深度互动，成为"在劳力上劳心"的劳动教育实践活动。近代职业教育的创始人黄炎培，专门致力于改革彼时脱离社会生活和生产的传统教育。他认为职业教育的要旨有三："为个人谋生之准备""为个人服务社会之准备""为世界、国家增进生产力之准备"③，即构建职业教育"谋生、服务、生产"三维目标。这些将体力劳动与脑力劳动结合起来的思想，既是劳动教育的原则，也具有一般教育的理论价值。中华民国成立后，身为教育总长的蔡元培以"实利主义教育"为民国教育方针核心，强调"以人民生计为中枢"，密切关注教育与国民经济生活的关系，加强职业技能培训，一定程度上将中国传统教育往劳动技术教育方向上有所偏行，推动教育功能转向。

到新文化运动时，早期马克思主义者对于"劳动"与"教育"进行了重新

---

① 王秀杰、邱吉：《劳动教育思想的历史嬗变与价值创生进路》，《河南师范大学学报》（哲学社会科学版）2022 年第 5 期。
② 康有为：《大同书》，陈得媛、李传印评注，华夏出版社，2002，第 251 页。
③ 黄炎培：《黄炎培教育文选》，上海教育出版社，1985，第 59 页。

释义,推动劳动教育阶级属性觉醒。马克思将"劳动"界定为"人和自然之间的过程、人自身的活动调整过程、人和自然之间的物质变化的过程"①。马克思认为,教育起源于劳动需要,是人类特有的活动,劳动创造了人,教育促进人的发展。这样一些观点被早期马克思主义者吸收并内化。李大钊在《劳动教育问题》中写道,"现代的劳工社会,已竟渐渐觉醒",他呼吁现代教育应多考虑劳工阶级,再也不能"拿印板(古板)的程序去造一班智(知)识阶级",而应该多设置一些教育机关,"使一般劳作的人,有了休息的功夫,也要能就近得个适当的机会,去满足他们知识的要求"。②同时,他希望青年和工农相结合、知识阶级和劳工阶级相结合。早期马克思主义教育家杨贤江在《新教育大纲》中,给"教育"下的定义是,"教育是社会上层建筑之一,是观念形态的劳动领域之一,是以社会的经济结构为基础的"③。他反复强调,"教育是帮助人(谋)营社会生活的一种手段"④,并批评此前"学问与劳动分家"的教育是变质的教育。这一观点与当时中国马克思主义者分析教育的观点一致,即人在学校所受的教育应与其未来进入社会的谋生联结起来,换言之,学校教育应教人具备劳动的意识与能力,这体现出劳动由"贱业"到"价值觉醒"的认知跃迁。

(二)从"耕读传家"到"农工实科"

实践层面,近代劳动教育以具体课程内容的形式进入到学校教育体制当中,反映出当时中国新的社会生活需求,即将教育与生活紧密结合,客观上促进了劳动教育在学校制度层面的发展,并呈现出精英与平民双轨探索之象。

一是技术官僚培养,两江总督张之洞1896年在南京创办储才学堂,设置有农政一门,分子目为种植、水利、畜牧、农器;⑤ 1898年他又奏请设立湖北农务学堂⑥,租民田为种植五谷树木及畜牧之所,招收绅商士人有志讲求农务者入学⑦。这可被看作传统教育向近代教育转型时农工教育制度化的一些尝试,当

---

① 〔德〕马克思、恩格斯:《马克思恩格斯选集》(第2卷),人民出版社,1995,第177页。
② 李大钊:《劳动教育问题》,《每周评论》1919年第9期。
③ 李浩吾编《新教育大纲》,福建教育出版社,2007,第10页。
④ 李浩吾编《新教育大纲》,福建教育出版社,2007,第12页。
⑤ 张之洞:《创设储才学堂折》,载《张文襄公全集》卷四十,奏四十,第34页。转引自徐建生、徐卫国《清末民初经济政策研究》,广西师范大学出版社,2001,第47页。
⑥ 湖北农务学堂,今华中农业大学的前身。
⑦ 郑登云编著《中国高等教育史》(上),华东师范大学出版社,1994,第26页。

然，这还算不上真正的学校劳动教育，其目的在于培养洋务运动所需要的专门人才。

二是平民教育推行，清末学制改革中，以耕作为主的农工传授终于有了一席之地。早期改良派开始勾画中国近代学制轮廓，如郑观应指出，中国传统教育"只知教学举业"，不屑讲求商贾农工之学，要仿照西方学制建立学堂。及至清末新政下的教育改革中拟定的一系列学制系统文件中，已开始有了划分为农业、工业等专业的各级实业学堂。①

民国肇建之际，教育体制革新，壬子癸丑学制将劳动教育纳入近代学制体系。农业、手工等科目虽未被列入教育法令所规定的必修课，但对其重视程度明显提高。有学者提出应参照日本小学校通例规定因地制宜，在"都会之地多加入商业科，乡村之地多加入农业科"，手工与音乐两科全国"视为至要"，上述之意"吾国教育家须知"。② 此时，"小学手工科应加注重"③，手工成为大部分学校均开设的科目。农业、商业则视地方情况加设，适应于各地实际发展需要。在与劳动相关的课程设置上，除实科类设为必修科目外，初等小学课程可以视地方情形加设如手工、裁缝（女子）之一科或数科的劳动课程，高等小学课程除可开设手工、裁缝（女子）等劳动课程之外，还可视地方情形加设农工商业之一科或数科。④《小学校教则及课程表》显示，初等小学校除开设手工课外，女子加缝纫课，高等小学校女子加缝纫课，男子加农业课。中学校课程在此基础上，女子加家政、园艺（可缺）、裁缝数科。⑤ 男女同学的师范学堂里，本科课程要开设手工、农业（或商业）课程，但单独的女子师范学校免农业（或商业）课程，加家事、园艺、缝纫课。⑥ 可见此时，不同学段男女分别接受不同种类劳动教育的特点已很明显。不过，学校劳动课程更多地以女子作为施教对象，其主要授课内容是家政与裁缝两类与女子家务劳动相关的课程。这种鲜明的性别化教育模式，反映出当时学界对劳动教育的认知仍停留在劳动技能培训层面，以实用技能训练为主，尚未将其视作学校教育体系的有机组成部分。

---

① 孙培青主编《中国教育史》，华东师范大学出版社，2009，第361页。
② 顾倬编、沈恩孚校订《小学各科教授法》，中国图书公司，1907，第7页。
③ 中华民国教育部：《中华民国教育部普通教育暂行办法》，《新闻报》1912年2月23日。
④ 根据中华民国教育部于1912年1月颁布的《普通教育暂行办法》以及《普通教育暂行课程标准》。
⑤ 根据中华民国教育部公布的《中学校令》《中学校令施行规则》《中学校课程标准》等文件。
⑥ 根据中华民国教育部于1913年3月公布的《师范学校课程标准》和《高等师范学校课程标准》。

此时学界所理解的劳动教育，亦主要特指关于劳动者的教育，而非专门学校教育中的劳动教育。

总体而言，这一时期的劳动教育呈现出破立交织的多维转型特征。思想层面实现从"耕读传家"到职业价值觉醒的认知突破，实践层面完成经学教育向农工实科的课程转向。然而，在半殖民地社会形态制约下，劳动教育仍局限于职业技能传授，尚未完全突破"男耕女织"的传统分工框架，也未能真正触及劳动者的主体性建构。

二 1921~1937年：阶级觉醒与革命实践中的劳动教育塑形

在中国共产党领导的新民主主义革命中，劳动教育完成了从理论探索到实践体系的根本性塑形。1921年党的诞生宣告了马克思主义教育观在中国的实践起点，通过两次全国劳动大会，确立了"教育为革命战争与工农服务"的总基调。1931年中华苏维埃共和国成立后，构建起与南京国民政府根本对立的教育体系，苏区劳动教育始终服务于革命战争，服务于工农大众，服务于建立和巩固红色政权，核心在于将劳动教育作为"改造国民性、锻造新人类"的战略方针。《中华苏维埃共和国小学校制度暂行条例》明确规定其教育目标为"培养未来共产主义建设者，提升工农子女科学文化水平和政治觉悟"[1]，这种"民族的、科学的、大众的"教育方针，一定程度上是通过劳动实践重构人与社会的关系。这一时期的劳动教育被包含在整个教育体系之中，是与当时教育政治性、阶级性和革命性紧密结合在一起的，即将教育视为从事生产劳动、开展革命斗争的有力武器。

（一）从"自在"到"自为"

自成立之初，中国共产党便十分重视劳动人民和劳动教育，尤其注重通过劳动教育启发劳工大众的政治思想觉悟和反抗意识，并以此巩固无产阶级政权。[2] 1922年5月第一次全国劳动大会会议讨论了工人教育问题，会后中国劳动

---

[1]《中华苏维埃共和国小学校制度暂行条例》，载中央教育科学研究所等编《老解放区教育资料（一）》，教育科学出版社，1981，第308页。

[2] 刘向兵、谢颜：《劳动教育在党的教育方针变化中的历史演变与现实启迪》，《中国人民大学教育学刊》2021年第3期。

组合书记部发动劳动立法,以争取工人补习教育"合法化"。第二次全国劳动大会通过《工人教育决议案》,决议指出工人教育的最终目的在于"唤醒其阶级觉悟"。及至第三次全国劳动大会通过《劳动法大纲决议案》,传递出新的工运和革命理念。苏区劳动教育政策的制定始终以马克思主义劳动观和教育观作为指导思想。马克思和恩格斯主张在未来社会中将教育和社会劳动联结起来,认为这是"改造现代社会的最强有力的手段之一"①"也是造就全面发展的人的唯一方法"②,该看法被称作"至今在劳动教育领域最重要的理论成就"③。早在1897年,列宁就曾强调,"没有年轻一代的教育与生产劳动的结合,未来社会的理想是不能想象的"④,1918年十月革命后,列宁在《俄共(布)党纲草案》中提出,对16岁以下儿童实施免费义务综合技术教育,并将教育与社会生产劳动相结合⑤。随着革命根据地的建立,1930年8月闽西苏维埃政府颁布《文化工作总计划》,规定"教育须以养成智力和劳力作均衡的发展为原则,并与劳动统一的教育之前途"⑥,将马克思主义人的全面发展理论转化为根据地政策实践。至1934年1月,毛泽东在第二次全国苏维埃代表大会上系统阐释了苏区教育的总方针和总任务,强调"使教育与劳动联系起来"的根本原则,要求通过共产主义精神教育劳苦民众⑦,这是对列宁综合技术教育思想的创造性转化,既是这一时期马克思主义劳动观与中国实际相结合的典型产物,又成为苏区教育的基本经验之一,促使苏区民众在劳作中完成阶级意识的觉醒和淬炼,由"自在"走向"自为",从而积极参加革命斗争,实现劳动教育向工农阶级赋权的历史转向。

---

① 〔德〕马克思:《哥达纲领批判》,载《马克思恩格斯选集》(第3卷),人民出版社,1972,第24页。
② 〔德〕马克思:《资本论》(第1卷),载《马克思恩格斯全集》(第23卷),人民出版社,2006,第530页。
③ 〔德〕沃尔夫冈·弗里茨·豪格主编《马克思主义历史考证大辞典》(第1卷),俞可平等译,商务印书馆,2018,第435页。
④ 〔德〕沃尔夫冈·弗里茨·豪格主编《马克思主义历史考证大辞典》(第1卷),俞可平等译,商务印书馆,2018,第435页。
⑤ 中共中央文献研究室邓小平研究组编著《邓小平教育理论教程》,人民教育出版社,1999,第120页。
⑥ 《闽西苏维埃政府目前文化工作总计划》,载中央教育科学研究所等编《老解放区教育资料(一)》,教育科学出版社,1981,第125页。
⑦ 中共中央文献研究室、中央档案馆编《建党以来重要文献选编——一九二一~一九四九》(第十一册),中央文献出版社,2011,第127页。

（二）从"书斋育人"到"战地育人"

中国共产党在苏区时期构建了以生产劳动为核心的新型教育体系，劳动教育内容也被含括在苏区各级教育制度制定和政策实施当中，也体现在学校科目及课程设置、教学模式与方法改进以及多形式生产动员等诸多方面，苏区的红军大学、苏维埃大学等都曾开设过土地、劳动等专业，并将劳动作为必修课。专门设置中央农业学校，招收和培养有志于农业的青年，主要开展农业科学实验和成果推广。部分苏区设立专门的劳动小学校，后改称为列宁小学。列宁小学坚持将小学教育与政治斗争、教育与生产劳动相联系，坚持"以劳动为教育的本位"①，以此培养共产主义新后代。1934 年 4 月，中华苏维埃共和国临时中央政府教育人民委员部颁布《小学课程教则大纲》，其中强调"苏维埃的教育，是要扫除那种'读书'同生产脱离的寄生虫式的教育制度的残余，从而使学校教育同生产劳动密切的联系起来"②，并且规定初级小学每星期上课 18 小时，其中课外教学（劳作及社会工作）至少 12 小时。③

同时，教育人民委员部订立的《列宁小学校学生组织大纲》中规定"动员学生参加校外的社会工作，培养将来社会主义的建设者"④，确立了"一切课目都应该使学习与生产劳动及政治斗争密切联系"的原则，并强调要"有计划的领导学生学习各种工艺、园艺、耕种及其他生产劳动"⑤。闽西苏区小学要求高小三年级下学期开设"园艺（农村小学）或商店（城市小学）"⑥ 等课。该区部分学校还推行田埂课堂实地教学法，要求教师实地讲授农业生产知识，"如讲五谷植物等可以带学生到田边去观察"⑦，将生产知识教学与实践相结合。这一

---

① 《湘赣省文化教育建设决议草案》，载中央教育科学研究所等编《老解放区教育资料（一）》，教育科学出版社，1981，第 97 页。
② 宋荐戈、张腾霄：《简明中国革命根据地教育史》，中国文史出版社，2016，第 37 页。
③ 教育大辞典编纂委员会编《教育大辞典 第 1 卷 教育学、课程和各科教学、中小学校》，上海教育出版社，1990，第 282 页。
④ 《列宁小学校学生组织大纲》，载中央教育科学研究所等编《老解放区教育资料（一）》，教育科学出版社，1981，第 334 页。
⑤ 《小学课程教则大纲》，载中央教育科学研究所等编《老解放区教育资料（一）》，教育科学出版社，1981，第 313 页。
⑥ 董纯才、张腾霄、皇甫束玉编《中国革命根据地教育史》（第 1 卷），教育科学出版社，1991，第 241~242 页。
⑦ 《闽西各县、区文委联席会决议案》，载中央教育科学研究所等编《老解放区教育资料（一）》，教育科学出版社，1981，第 135 页。

时期，党还组建了共产儿童团，组织儿童参加生产劳动，一面帮助父母砍柴、拔草、春耕、收割、放牛，一面帮助红军家属做各种家务劳动。[1] 当时，以农立国的中国被不景气之风笼罩，饿死者、啃食树皮者、割肉充饥者皆有，各县区大力发起春耕运动，呼吁广大农民群众、妇女、难民加入作物改种、农具改良与水利建设。党"从宣传方面入手"，设春耕运动委员会或与"省会有关农事之机关"共同筹备，派"智识先生到乡间去演说"[2]，"凡有关农业及农人生活上一切问题，如耕耘、栽培、施肥、除虫、造林、畜牧"等，均有"指示实施方法"，[3] 并采取"巡回演讲"方式告其以农民组织合作社增加生产的方法[4]。春耕运动在提高农民百姓生活水平的同时，为巩固根据地建设和长期抗战提供了一定的物质储备和补给。在"一切为了革命战争"的总体战略下，苏区教育体系有所转型，传统经院式教育被重构为服务于军事斗争下生产生活的战地教育。

这一时期的劳动教育呈现出两面性。一方面，苏区教育举措充分调动了苏区人民办教育、受教育的积极性和主动性，提升苏区工农群众的劳动能力，在满足其实际需求的同时巩固后方生产，为苏区教育发展奠定了群众基础，也为苏区军队提供了有效后勤保障。另一方面，教育与生产劳动相结合教育方针的成功推行，不仅让党意识到人民群众的伟大力量，也让接受教育的学生和民众思想意识发生了很大改变，提升了其阶级觉悟。

三 1937~1945年：制度建构与精神动员下的劳动教育深化

抗日战争时期，在中国共产党领导的各个抗日民主根据地，依据党的"一切为着前线，一切为着打倒日本侵略者和解放中国人民"的总方针，执行了中共中央制定的一系列教育方针政策。相较于苏区时期劳动教育的阶级启蒙属性，抗战时期中国共产党领导的劳动教育实现了从"革命方法"到"生存战略"的深度转型。在抗日民族统一战线背景下，劳动教育突破苏区地域限制，广泛开展大生产运动，[5] 形成了覆盖干部、学生、群众的劳动教育体系。近代劳动教育

---

[1] 孙邦华、张铭雨等：《中国共产党领导下的百年教育》（第一卷 1921~1949），北京师范大学出版社，2022，第458页。
[2] 庸庸：《春耕运动》，《汉口舆论汇刊》1935年第17期。
[3] 叹凤：《春耕运动》，《上海报》1935年4月8日。
[4] 《春耕运动》，《民教辅导》1935年第1卷第3期。
[5] 陈曦、孙立樵：《革命根据地劳动教育的历史经验及现实启示》，《教育科学》2022年第2期。

进入深化阶段,这一阶段的教育深化体现在,制度约束取代苏区经验性探索,教育实践全面嵌入战时生产链条,劳动场域转化为意识形态动员空间,体现出中国共产党社会动员能力的历史性跃升。

(一) 从"经验探索"到"制度建构"

抗战时期的劳动教育突破苏区的局部化探索,发挥制度对学校、社会的全面引领及调动作用。学校教育方面,1939年1月,陕甘宁边区政府教育厅公布《1939年边区教育的工作方针与计划》,将加强各校的生产运动作为学校教育发展的一项方针。① 1940年8月,中央宣传部提出,边区的初小和高小应辅以生产教育。② 1943年,边委会对小学开展生产教育的形式、内容、考核进行了制度化的规定。③ 1944年10月,中共冀鲁豫分局指示,普通教育应坚持"教育与生产结合"的方针,"第一,要求教育的东西,就是生产中所需要的东西;第二,生产和学习时间一致"④。进而,抗日根据地的中小学教育内容十分注意适应战争需要,边区小学课程设有专门的劳作课,其社会活动、生产劳动均为正式课程,中学教育内容中则含括了劳动理论教育,课本内容侧重生产劳动知识,即对学生进行联系边区实际的生产生活知识和劳动观念的教育。⑤ 社会教育方面,1945年3月,山东省行政委员会发出《关于群众教育与大生产运动结合的指示》,指出改革群众教育的中心关键在于将教育与生产劳动相结合,因为"战争与生产需要的知识与技能的需要,高于一般的文化教育"⑥。这些有关劳动教育的政策指示,一定程度上将教育与生产劳动相结合制度化,为抗日根据地培养人才、发展经济发挥了重要作用,也为边区劳动教育的有序发展奠定了制度基础,较之苏区儿童团帮红军家属劳作的零散实践,上述模式形成了更为制度化的劳动

---

① 皇甫束玉、宋荐戈、龚守静编著《中国革命根据地教育纪事》,教育科学出版社,1989,第150页。
② 《中央宣传部关于提高陕甘宁边区国民教育给边区党委及边区政府的信》,载中央教育科学研究所等编《老解放区教育资料(二)》下册,教育科学出版社,1986,第319页。
③ 《边委会关于整理小学加强儿童生产教育的指示》,载王谦、刘佐秀、宋荣江等编《晋察冀边区教育资料选编·教育方针政策分册》下册,河北教育出版社,1990,第14~17页。
④ 《中共冀鲁豫分局关于普通教育改革的指示》,载中央教育科学研究所等编《老解放区教育资料(二)》上册,教育科学出版社,1986,第104页。
⑤ 孙培青主编《中国教育史》,华东师范大学出版社,2009,第498~499页。
⑥ 皇甫束玉、宋荐戈、龚守静编著《中国革命根据地教育纪事》,教育科学出版社,1989,第285页。

教育体系。

（二）从"斗争方法"到"生存本体"

这一时期，中国共产党的劳动教育逐步实现了从政治动员向生存实践的跃迁，体现在劳动教育与战时经济的深度嵌合以及劳动教育的精神重塑与范式创新。抗战时期形成了劳动教育供给与战时生产需求的双向互动，更加强调劳动教育对物质生产的直接转化。当时的"劳动教育"与"生产教育"并提，劳动教育是不脱离生产给民众以教育，是一面生产，一面学习，学习不脱离、不妨碍生产的一种教育形式。各个抗日根据地组织变工队、运盐队、互助组，开展种菜训练班、养猪训练班和为改善伙食的炊事训练班，毛泽东强调，"一切机关学校部队必须在战争条件下厉行种菜、养猪、打柴、烧炭、发展手工业和部分种粮"①，这不仅是将群众生产劳动成果纳入战时供给体系，也是以此调动农民、群众、军队、工厂、机关学校投入劳动教育生产实践，使其掌握各类型劳动知识技能。1940年中国共产党关于开展生产运动的指示强调，在军事较为巩固地区"普遍发展喂猪种菜等事业"，军事不巩固地区"由军队酌量抽派人力牲畜，帮助农民耕作，由农民供给驻军以一定比例的粮食马料"，行动不定的部队利用战斗间隙帮助农民劳作，"与群众打成一片以便用另一种方式取得农民对军队自愿与踊跃输助"②。与此前苏区的群众性劳动相比，抗日根据地建立起了人民生存、物质生产、劳动教育与前线供给之间的直接联系。

此外，劳动教育还通过形式创新和价值重构，使劳动升华为抗战精神的核心载体。1939年5月，毛泽东在延安青年纪念五四运动大会上，将"开荒种地"提升为革命青年的标志性实践："延安青年实行生产劳动，开发了千亩万亩的荒地。这件事，连孔夫子也没有做过。"③ 这一论断将劳动从道德教化工具转化为抗战生存实践，推动全国进步青年响应"自己动手，丰衣足食"的号召，奔赴延安参与大生产运动。1943年召开的陕甘宁边区第一届劳动英雄代表大会，开展模范评选、事迹传播与技术推广，大会宣言强调要积极响应毛泽东"组织起来"的号召，奉行"劳动最光荣"的理念，学习劳动英雄吃苦耐劳、无私奉献

---

① 毛泽东：《毛泽东选集》第3卷，人民出版社，1991，第911页。
② 《中共中央、中央军委关于开展生产运动的指示》，1940年2月10日，载中共中央文献研究室、中央档案馆编《建党以来重要文献选编（1921~1949）》第十七册，中央文献出版社，2011。
③ 毛泽东：《青年运动的方向》，载《毛泽东选集》（第2卷），人民出版社，1991，第568页。

的精神,实现"保护边区,家家丰衣足食"① 的美好愿景。吴满有、刘建章等平民英雄成为全民学习的榜样,一定程度上使得"劳动"成为这一时期的模范化宣传符号,劳模精神也融汇为抗战精神的重要组成部分。此外,大生产运动更成为沉浸式的教育场域。八路军第三五九旅赴南泥湾垦荒期间,从旅长王震到公勤人员、随军家属,人人动手开荒种地,学习耕作技术。王震还聘请71岁农民朱玉环做生产教官并批准他参军,让各部队在生产上接受其指导。② 在军民共同努力下,不仅完成三年开荒 26.1 万亩的伟大壮举,实现部队粮食自给,还向边区政府上交公粮,让南泥湾由"遍地荒山"变成"陕北的好江南"③,"自力更生、艰苦奋斗"的南泥湾精神也传扬开来。这样的历史叙事动员与现实榜样带动,使得劳动教育从苏区时期的政治规训,转化为民众自觉的本体性价值追求,实现了劳动教育在精神层面的内化,也标志着中国共产党在劳动教育方法论层面的重要突破。

抗战时期劳动教育的深化,可以说是特殊历史情境下教育形态持续性推进与适应性重构。相较于土地革命时期劳动教育的阶级性塑造,这一阶段通过系统化制度保障与意识形态动员相结合,调动各类主体生产积极性,使劳动教育成为维系根据地生存的重要支柱。大生产运动中的劳动教育,既种出了养活革命的粮食,更种出了支撑革命的精神。这种将教育嵌入物质生产与精神锻造的实践智慧,为中国共产党提供了超越传统教育范式的解决方案,其历史意义在解放战争及新中国建设中进一步得以延续。

四 1945~1949年:革命胜利前夜的劳动教育调适

1945年以后,解放区教育事业仍被作为党开展革命斗争的重要武器,强调教育要为解放战争和社会变革服务,劳动教育也需要随着革命重心变化而调整,即通过劳动教育实现军事动员与政权建设的有机统一,向"建国"目标发展。④

---

① 陕西省档案馆、陕西省社会科学院编《陕甘宁边区政府文件选编》第7辑,陕西人民教育出版社,2015,第269页。
② 黄永仓、黄玉雨编《红色地标中的故事》,济南出版社,2022,第85页。
③ 龙新民主编《中国共产党历史重要事件辞典》,中共党史出版社、党建读物出版社,2019,第141页。
④ 王铁:《中国教育方针的研究:新民主主义教育方针的理论与实践》上册,教育科学出版社,1982,第237页。

随着"五四指示"开启土地改革序幕,解放区教育被赋予支前参战与培养新公民的历史使命,形成"战训结合、以教支前"的新范式,开始走向新型正规化教育。① 劳动教育由此进入革命胜利前夜的调适阶段,既延续抗战时期教育嵌入生产的实践经验,更在战争形态变化与社会变革加速的背景下,形成了服务大规模兵团作战、衔接新型政权与新社会的独特格局。

(一)从"常规教育"到"战学结合"

解放区政权通过教育形态重构,使学校与田间共同成为支撑军事斗争的特殊战场。1947年4月,晋冀鲁豫边区政府强调,教育工作要"更加注意于服务战争,服务生产,服务于'耕者有其田'的彻底实现"②。如此,将对广大学生、农民的劳动教育纳入战时体制,实现战训合并。学校教育中延续"半工半读"的战时教育模式。1946年,苏皖边区政府为开展学校生产运动作出指示,"今后边区中等教育必须向半工半读的勤工俭学方向发展",不仅可以解决中农子弟上学困难,还能鼓励学生为工农服务③。1947年,冀晋行署提出高小以上学校要实行"以工养学"教育方针,通过校办工厂收入解决部分办学经费问题,此举可以改造学生思想,增强其劳动意识,并打破生产劳动与课堂教学相对立的认识。④ 对于农民而言,是将农民教育与生产劳动密切联系起来。如华北解放区的农民教育内容紧密结合生产生活,在教材中融入大量农谚、生产知识,使语言通俗易懂,贴近农民实际需求。根据农事季节调整教学重心,农忙时侧重生产技能培训,农闲时开展文化教育,还通过冬学、民校、识字班等形式,将农事活动融入教学过程,既提升了农民文化水平,又增强了他们的生产技能和政治觉悟。这些形式可以更好地保证教学与实际结合,更好地安排生产时间以便督促和检查,使学习与生产相互促进、共同发展⑤,同时树立劳动光荣的观

---

① 陈曦、孙立樵:《革命根据地劳动教育的历史经验及现实启示》,《教育科学》2022年第2期。
② 《晋冀鲁豫边区政府关于文化教育工作的决定》,载中央教育科学研究所等编《老解放区教育资料(三)》,教育科学出版社,1991,第57页。
③ 戴伯韬:《解放战争初期苏皖边区教育》,人民教育出版社,1982,第310页。
④ 皇甫束玉、宋荐戈、龚守静编著《中国革命根据地教育纪事》,教育科学出版社,1989,第346~347页。
⑤ 董纯才、张腾霄、皇甫束玉编《中国革命根据地教育史》(第1卷),教育科学出版社,1991,第412页。

念，改造懒汉懒婆①。朱德总司令曾发表讲话强调"发展生产与保卫边区相结合"，边区百姓不仅要会生产，还要学会"打敌人，学会安地雷打手榴弹，个个成为神枪手"②。这种立体化重构使教育组织转型为特殊战勤单位，为淮海战役等大规模兵团作战提供了可持续的后勤保障。

（二）从"技能传授"到"阶级锻造"

土地改革运动的历史进程，推动劳动教育突破生产技能传授范畴，转向政权认同建构的政治维度。1947年《中国土地法大纲》颁布后，各解放区形成"土改即教育"的新型实践范式，主要体现在，其一，土改实践与知识传授的深度融合。中国共产党通过宣传《中国土地法大纲》及组织农民参与土地分配实践，将政策解读与劳动传授相结合，动员群众自己来分地、用地③，使农民在实践中学习土地管理技能，提升集体意识，实现知识传授与劳动实践的有机融合。其二，教育组织与群众运动的系统整合。农会等组织将农民个体行动整合为集体行动，通过成立农民会、召开诉苦会等形式，将阶级教育融入群众运动，激发农民革命热情④。其三，文化符号与政权认同的交互塑造。中国共产党广泛借助标语、话剧等文化形式宣传土地改革政策，强化农民对"耕者有其田"理念的认同，农民通过土地改革改善生活，进而形成对新政权的深厚情感认同，巩固政权合法性。这种将地权变革转化为教育实践的创新，使劳动教育成为新政权合法性的建构途径。

解放战争时期劳动教育的调适过程，彰显了中国共产党将教育体系转化为革命力量的治理智慧。通过"半工半读制度化"与"土改教育一体化"的双轨并进，既创造了淮海战役中"百万独轮车支前"的后勤奇迹，又培育了首批兼具文化素养与阶级觉悟的新中国建设者。这种将教育深度融入历史变革的治理智慧，不仅为全国解放提供了人力与思想支撑，更为新中国确立了"教育为工农服务"的根本方向。

---

① 皇甫束玉、宋荐戈、龚守静编著《中国革命根据地教育纪事》，教育科学出版社，1989，第94~96页。
② 石和平主编《图说延安十三年》，陕西人民出版社，2021，第330页。
③ 中共辽宁省委党史研究室编著《中国共产党辽宁历史简明读本》，辽宁人民出版社，2020，第69页。
④ 伊通县志编纂委员会编《伊通县志》，吉林文史出版社，1991，第169页。

五 中国近代劳动教育的当代省思

中国近代劳动教育在百年激荡中经历了从传统到现代的艰难嬗变,从探索、借鉴,到逐渐本土化、特色化①,其发展轨迹既镌刻着救亡图存的时代印记,更蕴含着教育变革的深层规律。这段始于农耕文明解体、终于新民主主义革命胜利的探索历程,既呈现了知识分子改造社会的理想追求,也折射出阶级觉醒与民族解放的双重诉求,既为当代教育提供了制度创新的历史基因,其未竟之业更构成了审视当下劳动教育困境的镜像。面对新时代"五育融合"的育人要求,我们既要继承近代教育先驱"劳工神圣"的精神火种,更需以辩证性眼光重构劳动教育的价值坐标。

同时,近代中国劳动教育的百年探索呈现出鲜明的阶段性特征。清末民初作为近代化的起点,其劳动教育实践一定程度上是传统农耕文明遭遇工业文明冲击后的被动回应。知识精英试图通过"西学东渐"嫁接劳动课程,却始终困于"中体西用"的改良逻辑,未能触及劳动教育的本质价值。而新民主主义革命时期,中国共产党领导下的劳动教育实践开启了全新范式,既坚持马克思主义劳动观的价值内核,又基于革命形势变化持续重构劳动教育功能,实现教育形态的适应性转化。从苏区"教育为工农服务"的阶级启蒙,到抗战时期"劳动即生存"的战教融合,再到解放战争"土改即教育"的政权认同培育,劳动教育在塑形、深化、调适的连续演进中,实现了从阶级启蒙工具到生存战略本体再到政权认同载体的功能跃升。这种历史分野要求我们分时期审视之,前者展现传统教育体系转型的困境与局限,后者辩证揭示革命语境下劳动教育与社会变革的深层互动,以此完整把握近代劳动教育从工具理性到价值理性的转型轨迹。

(一)清末民初劳动教育的探索与局限

1840年的炮火轰开了中国闭关锁国的大门,中国知识精英在救亡图存的急迫中开启了教育现代化的首次突围。这个阶段的教育改革者们以"师夷长技"

---

① 刘懿、张辉蓉:《建党百年来劳动教育的历史变迁与反思展望——基于教育方针分析的视角》,《国家教育行政学院学报》2021年第4期。

的实用理性,将劳动教育从"劳心者治人,劳力者治于人"的价值窠臼中解放出来,开启了中国劳动教育的近代化进程,构建起近代劳动教育的雏形,一定程度上使得"做学问"与"务劳工"二者结合起来,打破了中国几千年来二者的分离状态。康有为在《大同书》中构想的工艺学堂、黄炎培倡导的职业教育三维目标、蔡元培推行的实利主义教育,无不彰显着将教育从"经学注疏"转向"经世致用"的努力。这些尝试使劳动教育首次突破"四民分业"的传统框架,为近代工业文明培育了最初的技术人才。

然而,这种嫁接于资本主义教育体系的本土化实践,始终难以摆脱半殖民地社会的结构性矛盾。一是教育理念的现代性追求遭遇传统性别规训。传统"男主外,女主内"的社会分工安排的劳动教育课程,导致学校劳动课程设置方面,针对女生的以"手工、缝纫、家政、烹饪"等课程为主,"木工"等课程安排的则并不多,且很容易被其他课程所取代。此时的劳动教育虽标榜"破除阶级壁垒",却仍规定女修家事园艺,导致女子实业学堂中裁缝科占比居高不下。这种"新瓶装旧酒"的课程设置,暴露出教育改革者既要突破"男耕女织"的传统分工,又不得不妥协于社会现实的深层困境。二是劳动教育的内涵窄化为技能培训。张之洞创办的农务学堂虽引入西方农学,但其"租民田为种植畜牧之所"的教学模式,实际上仍是"经世致用"思想的延续,尚未触及劳动教育的育人本质。当时所谓的劳动教育,实为器械教育,只见物不见人。这种割裂反映出教育改革者既要突破传统框架,又无法摆脱社会文化惯性的困境。更深层的问题在于,当时的劳动教育仍将劳动视作"谋生工具",未能上升到人格塑造层面。

这对当代劳动教育的启示具有三重现实意义。第一,劳动教育必须超越"器物层面"改革,破解"身体在场而精神缺席"的异化风险。当前部分学校将劳动课简化为值日卫生打扫或手工技能训练,恰是清末"只见工具不见人"思维的延续。真正的劳动教育应当如陶行知所言,是"在劳力上劳心"的完整过程,既要培养动手能力,更要塑造劳动价值观。第二,课程设计需警惕隐性文化偏见。清末女子教育对家政课的侧重,于今可能演变为"男学编程、女学烘焙"的刻板安排。现代劳动教育应建立去性别化的课程体系,让学生在多元体验中自主选择。第三,劳动教育需要与产业变革深度互动。黄炎培"谋生、服务、生产"的教育目标,在智能制造时代应升级为"技能习得"、"创新思维培养"与"社会责任感养成"的立体框架,使教育真正支撑起人的全面发展。

（二）新民主主义革命时期劳动教育的经验与反思

中国共产党领导下的劳动教育实践，开创了教育史上劳动主体性建构的崭新范式。苏区时期推行的田埂课堂，抗战时期开展的大生产运动，解放战争时期发展的冬学、民校、识字班等，共同构筑起"教育即生活，劳动即教育"的实践哲学。中国共产党通过将教育嵌入革命进程，使劳动教育从知识技能传授转变为全民社会实践，这种转变具有双重突破：一是打破"书斋教育"的封闭性，使课堂延伸到田间地头，让学生既能动笔杆子，也会用锄把子[1]；二是重构教育主体性，提高劳动者自我身份认同，唤醒农民、工人等广大劳动者的革命觉悟[2]，让劳动者从被动接受者变为主动参与者。

这种历史智慧的核心价值在于其方法论启示。首先，劳动教育必须建立真实情境的学习场域。苏区学生在春耕中理解植物生长规律，这种"做中学"的智慧对当今教育仍具启发意义。当前推行的学农实践、校企合作等模式，应当继承这种"教育即生活"的理念，避免将劳动教育局限为封闭的校内活动。其次，劳动教育要服务于人的全面解放。根据地通过劳动英雄评选激发群众主动性，这种将劳动升华为精神追求的实践，启示今人要警惕将劳动教育简化为绩效考核指标，如当前部分学校推行的"劳动积分制""志愿时长累计制"，倘若只关注劳动时长而忽视劳动价值观培育，便是割裂了教育的内在统一性，这种"为劳动而劳动"的倾向亟须纠偏。于今而言，劳动教育不能成为政策执行的"应景之作"，部分学校开展的打卡式劳动实践，或许仍是形式主义的延续。破解之道在于建立长效机制，使劳动教育回归日常化、生活化，更深层的启示在于对教育本质的再思考：劳动教育不应是孤立的教学模块，而应成为连接知识学习与社会参与的桥梁。抗日军政大学三三制教学模式将理论学习与生产劳动有机统一，这种整体性思维对当代五育融合具有重要的借鉴价值，唯有将劳动教育融入教育生态系统的整体构建，才能实现五育的有机融合与协同共生。

回望百年探索，近代劳动教育的核心遗产在于其所揭示的教育规律，即真正的教育必须扎根生活、服务于人的发展，当代劳动教育的深化也需要立足于

---

[1] 李建国、杨婷婷：《中国共产党领导学校劳动教育的历史演进、基本经验及启示》，《学习与实践》2021年第2期。

[2] 刘向兵：《回归、贯通与升华：中国共产党百年劳动教育史的现实启迪》，《中国高等教育》2021年第24期。

人民对美好生活的需要，倡导劳动者为实现人的自由全面发展而奉献与奋斗。①在价值层面，继承马克思主义劳动观将劳动视为人的本质力量的对象化过程，通过劳动教育培养学生对劳动本质的哲学认知与价值尊重，在全社会培育尊崇劳动、崇尚技能、礼赞创新的文明风尚②；在实践层面，构建"家庭基础劳动—学校项目学习—社会服务实践"的协同育人体系，可将社区环境治理、非遗技艺传承等真实社会场景纳入课程设计当中，使学生在参与式劳动中理解个体价值与社会责任的辩证关系；在制度层面，建立过程性记录与发展性评估相结合的弹性评价标准，既体现劳动素养共性要求，又尊重个体成长差异。历史经验深刻启迪今人，劳动教育的现代化绝非简单的技术升级，而是教育本质的回归与重构。只有将劳动教育置于人的全面发展坐标系中，才能突破工具理性的局限，实现向价值理性的根本跨越，让劳动教育真正成为滋养生命成长、塑造健全人格的土壤。

（编辑：谢颜）

---

① 张正瑞：《中国共产党百年劳动教育历史经验与当代遵循》，《黑龙江高教研究》2020 年第 12 期。
② 胡玉玲、李珂：《习近平关于劳动教育重要论述的四重逻辑》，《教学与研究》2024 年第 8 期。

抗战时期岭南大学工读制度对新时代高校劳动教育的启示[*]

宁夏江[**]

摘　要：抗战时期岭南大学迁到偏僻的粤北山村办学，为纾缓家庭贫困学生及与家庭失联的华侨子弟经济上的压力，大力推行工读制度。岭南大学工读制度对新时代高校的劳动教育仍具有启示和传承意义：劳动教育重在"教育"，旨在增强学生的劳动意识和树立健康的劳动观念；劳动教育要给学生创造实践机会，为他们提供劳动实践的场所；在集体中实施劳动教育，培养学生团队合作的精神、能力和情感体认；在"劳有所得"体验中实施劳动教育，让学生在劳动实践中有直接的"获得感"；在整体育人体系中实施劳动教育，做到"三全育人"和"五育并举"。

关键词：岭南大学　工读制度　劳动教育

岭南大学（以下简称"岭大"）曾是华南地区办学实力雄厚的教会大学，由美国纽约董事局主办和控制，是一所有名的贵族学校，学生主要是华侨子弟或富家子弟，接受现代西式教育。由于岭大的学生多来自富商家庭或华侨子弟，收取的学费比国内其他高校要高一些，外界常批评岭大有贵族学校作风。1927年，岭大收回了办学权，成为中国人主办的学校，钟荣光被推举为校长。[①] 为了改变外界对岭大贵族学校的印象，随着招生规模的不断扩大，钟荣光决定在岭大实行工读制度[②]，提倡平民化教育。他说，"要改贵族化为平民化，要养成学

---

[*] 本文系广东省哲学社会科学规划2024年度粤东西北研究专项"抗战时期岭南大学在粤北办学历史研究"（项目编号：GD24YDXZZL02）研究成果之一。

[**] 宁夏江，文学博士，韶关学院韶文化研究院教授，硕士生导师，主要研究领域为地方历史文化。

[①] 陈国钦、袁征：《瞬逝的辉煌——岭南大学六十四年》，广东人民出版社，2008，第105页。

[②] 岭大创办之始即有工读生，虽然当时没有形成工读制度，但有工读的传统。钟荣光早年就读岭大时，在学校助授中文。李应林在岭大就读时，兼上、下课打钟等职。"人民音乐家"冼星海也是岭大的工读生。

生乐意劳动之精神""人家诋毁我们说南大（注：'南大'即'岭大'）是资本家设立的，学生家长也是资本家，所以南大是资本化的学校……我们便应自己工作，自己农工化"。[1] 可见，岭大实施的工读活动和我们今天所倡导的劳动教育在价值观念上是一致的，其核心都是要培养"学生乐意劳动之精神"。

一 抗战时期岭大实施工读制度的情况

与全国绝大部分高等学校一样，抗战时期的岭大遭受了空前的劫难，几次被迫搬迁办学。虽结茅立舍，却弦歌不辍，始终不忘为国育才的使命。

1941年12月，太平洋战争爆发，香港沦陷，时迁至香港办学的岭大紧急疏散。1942年9月，在校长李应林的带领下，岭大迁到偏僻的粤北山村——曲江大村复课。受战争影响，许多家庭贫困学生及与家庭失去联系的华侨子弟生活陷入困顿，岭大为了纾缓他们经济上的压力，让他们不会因为经济窘迫而失学，采取了三项举措。一是大幅度降低学费，以免"收费太昂以阻（其）向学之路"[2]（之前岭大收费在国内是最高的，抗战时期成为在粤北办学高校中收费最低的学校）。二是竭力为贫困生向国民政府申请贷金、救济费。三是大力推行工读制度，"设立工读学额以资维持"[3]。工读制度在战时虽然凸显出经济纾困的特征，但弘扬平民化思想和倡导劳动精神却一直没有改变。岭大向学生发布实施工读制度的公告：

> 香港沦陷后本校全部内迁，经于本年九月廿一日在曲江仙人庙岭大村建校复课，查本校学生多属华侨子弟，其家长多系谋生海外，自太平洋战起，香港告陷，由是接济困难，影响学业殊巨。本校为维持学生学业计，除设助学委员会以资奖助优秀贫苦学生及代向教部申请膳食贷金外，兹为养成学生劳动习惯之精神及俾学生得有机会救济以免影响学业起见，特设学生工读委员会提倡学生利用课外工作，限每人每日工作二小时，按时给付津贴，俾藉维持学业。[4]

---

[1] 钟荣光：《本校的工读问题》，《南大青年》1927年第3期。
[2] 李应林：《复员之回顾与前瞻》，载《抗战期间的岭南》，岭南大学1946年自印本，第61页。
[3] 李应林：《复员之回顾与前瞻》，载《抗战期间的岭南》，岭南大学1946年自印本，第61页。
[4] 岭南大学校报编辑组：《本校提倡学生工读》，《岭南大学校报》（曲江版）1942年11月1日。

岭大实施工读制度得到了学生的积极响应,"申请工读男女学生颇为踊跃,数达二百余人"①,当时追随岭大来粤北学习的学生为266人②。各学院的工读岗位因需而设,适当考虑学生的专业特长。下面以1942学年和1943学年岭大文学院和农学院为例说明岭大实施工读的情况(见表1、表2)。③

表1 文学院工读情况

单位:个,元

岗位	1942年上学期 岗数	1942年上学期 每月工资	1942年下学期 岗数	1942年下学期 每月工资	1943年上学期 岗数	1943年上学期 每月工资	1943年下学期 岗数	1943年下学期 每月工资
邮务管理	1	100	1	120	1	200	1	200
图书馆助理	3	100	6	120	4	200	5	200
散任校园清洁			2	140	无定	4元/时	无定	4元/时
路灯管理	1	120	1	120				
打字员			5	120				
运动场管理	1	80	1	80				
附中补习教员	4	5元/时	4	5元/时	3	7元/时		
干事	1	180	1	180	1	250	1	250
会计助理					4	200	4	200
农村医药					5	200	5	200
日用品供应					3	200	3	200
宗教事业					3	200	3	200
抄写					4	200	4	200
农村宣传					1	200	1	200
会所管理					2	200	2	200
花木					1	200	1	200
病院服务					1	200	1	200

---

① 岭南大学校报编辑组:《本校提倡学生工读》,《岭南大学校报》(曲江版)1942年11月1日。
② 岭南大学校报编辑组:《本校校务概况报告》,《岭南大学校报》(曲江版)1943年4月1日。
③ 岭南大学校报编辑组:《本校青年会工读概况》,《岭南大学校报》(曲江版)1944年4月30日。

表 2　农学院工读情况

单位：个，元

岗位	1942 年上学期 岗数	1942 年上学期 每月工资	1942 年下学期 岗数	1942 年下学期 每月工资	1943 年上学期 岗数	1943 年上学期 每月工资	1943 年下学期 岗数	1943 年下学期 每月工资
课室管理	2	140	2	140				
办公室管理	3	140	3	140	6	240		
宿舍管理	4	100	4	100	6	240		
图书馆助理	1	120	1	120	2	290		
各系助理	4	100	4	100	5	260		
邮务管理	1	80	1	80				
司总员	1	150	1	150	2	260		
蚕学教员	2	220	2	220				
观察气候	1	100	1	100				
宿舍洗擦员	10	30	10	30				
干事	1	330	1	330	1	330	1	330

从表1、表2以及相关资料可看出，第一，岭大工读岗位在各学院有相同的，如邮务管理、图书馆助理、干事等岗位，但更多的是不同。第二，工读酬金视工作轻重而定，如"重工每小时三元""轻工每小时二元"。① 第三，各学院工读的工资（酬金）不尽相同，由学院分配到的工读金与申请工读学生的人数决定。第四，规模大的学院为尽量给学生提供工读岗位，多方拓展，有的岗位与申报学生的学科背景没有相关性，如文学院设置了农村医药、日用品供应和会计助理等岗位，学生们为争取工读机会，勇于申报。第五，岗位分专任工作及散任工作两种，专任工作按月计，散任工作以实际工作的时间来计算，显得非常灵活。第六，岗位设置没有固定，因需而设，因需而动，上学期设的岗位与下学期的不尽相同。

总之，岭大实施工读非常灵活，学校不包办，工读经费分配到各大学院，由学院给学生安排工读岗位；也不规定工读的酬金，由各学院视实际情况而定。

二　岭大工读制度对今天劳动教育的启示

岭大是在战争突发的情况下仓促停学疏散，全部校产落入日寇手中。岭大

---

① 岭南大学校报编辑组：《工读审查委员会简章》，《岭南大学校报》（曲江版）1942 年 11 月 1 日。

在粤北复校复课完全是"白手起家",办学经费异常紧张,其时热心于教育的富商陈学谈先生为支持岭大办学,先后两次捐款共计20万元。岭大将这20万元不作他用,全部用作工读经费,体现出以学生为本、为国育才的责任担当。抗战时期岭大实施的工读制度不仅具有战时教育的特定意义,对新时代高校的劳动教育仍有启示和传承价值。

(一)劳动教育重在"教育"

岭大在实施工读的过程中非常注意对学生进行劳动思想教育。一是把劳动教育灌输于学生人生教育之中,李应林校长把工读称为"自力自造",即倚靠自己的力量造就自己,还多次在工读生茶话会上,以自己的工读经历鼓励学生,让学生理解劳动的本来意义和社会意义,使学生对待工读价值的体认从物质层面上升为精神层面,认识到劳动是人类实践活动最集中的表现,任何人都不能看不起劳动,不能贪图不劳而获的生活。劳动思想教育促使学生的世界观、人生观和价值观得到改造和提升。二是从制度上加强对学生的引导,岭大《工读细节》强调:"本校乃本提倡自助劳动之精神,养成为团体服务之习惯。"[①] 学生参加工读不仅仅是为了解决经济困难,还在于以己之力为人群服务,因而不必在乎报酬的多少。三是树立榜样,当时有个叫梁赓尧的港生,是粤剧的文武生,一向衣着入时,对这样一位并非因为经济困难的学生也来申请工读,工读审查委员会有点犹豫,梁赓尧为争取到工读岗位说:"洗厕所总够资挂?"结果工读委员会"特意"让他担任这份工作,他也"做到十全十足"。工读在当时的岭大已成为一种风气,成为学生培养意志、发扬岭大"牛人精神"的育人工作。[②]

目前,部分高校实施劳动教育时存在把"劳动"与"劳动教育"等视的认识误区。其实,"劳动教育是以劳动为载体开展的一种教育形式,虽然经由劳动的形式来开展,但不能将其简单化为劳动而忽视甚至略去教育的内涵。劳动教育的根本目标在于增强学生的劳动意识,提升学生的劳动能力,激发学生的劳动热情,帮助学生建立健康的劳动观念"[③]。二者的差别在于"劳"中有没有

---

① 私立岭南大学:《私立岭南大学一览》(上),岭南大学1932年自印本,第41~42页。
② 何名芳:《山村中的岭南传统和精神》,载《大村岁月——抗战时期岭南在粤北》,"大村岁月"出版组1998年自印本,第70页。
③ 赵国庆:《找准劳动和教育的结合点》,《光明日报》2016年8月6日。

"育",即劳动有没有真正起到育人铸魂的作用,劳动课程内容是否触及学生心灵。只有劳动,没有教育,体现不出劳动育人的作用和价值,那不是学校所要实施的劳动教育。

大学劳动教育要"把准劳动教育价值取向,引导学生树立正确的劳动观"[1],"要在学生中弘扬劳动精神,教育引导学生崇尚劳动、尊重劳动……长大后能够辛勤劳动、诚实劳动、创造性劳动"[2]。通过教育,让广大青年学生更加深刻地理解劳动的本质及劳动在社会发展进程中的重大作用,认清劳动与社会发展的重要关系,理解"劳动是整个人类生活的第一个基本条件""劳动创造了人本身",[3] 以正确的态度对待劳动,"牢固树立劳动最光荣、劳动最崇高、劳动最伟大、劳动最美丽的观念"[4]。

(二)劳动教育要给学生创造实践机会

岭大《工读细节》强调"多与学生以作工自助之机会"[5]。岭大迁到粤北之后,为学生解决困难,聘用学生为图书馆管理员、各实验室的管理员或助理员、农场助理员或饲养员等,甚至行政工作的抄写员、会计员、出纳员、清洁员等。[6] 李应林校长把陈学谈先生捐的 20 万元工读金,委托学生会全权办理。学生总会主席刘铢,考虑到社会上存在把岭大认定为贵族学校、岭大学生怕吃苦的偏见,又看到学校在粤北复课伊始,有相当部分学生翘首接济,而 20 万元巨款,也足以支持相当长的时间,提议尽量扩大工读范围,在校内多设工读岗位,得到李应林校长的赞许。由于有相当多的学生参加工读,工读成为岭大的第二课堂。课后,图书馆、实验室、办公室、校园各个角落、学校农场出现了学生忙碌的身影。

苏霍姆林斯基认为劳动教育若是只停留在思想观念上,而没有形成相应的行为习惯和劳动能力,就谈不上真正的劳动教育效果。[7] 劳动教育要推进从"以

---

[1] 程光德:《大学生劳动教育概论》,吉林大学出版社,2021,第 12 页。
[2] 《习近平出席全国教育大会并发表重要讲话》,中国政府网,http://www.gov.cn/xinwen/2018-09/10/content_5320835.htm。
[3] 〔德〕马克思、恩格斯:《马克思恩格斯选集》第 3 卷,人民出版社,1972,第 508 页。
[4] 习近平:《习近平谈治国理政》,外文出版社,2014,第 46 页。
[5] 私立岭南大学:《私立岭南大学一览》(上),岭南大学 1932 年自印本,第 41~42 页。
[6] 卢子荟:《抗战期间广东省乐昌县坪石的岭南大学农学院办学的历程》,载《岭南大学校长李应林诞辰 100 周年纪念》,李应林基金会 1992 年自印本,第 34 页。
[7] 〔苏〕苏霍姆林斯基:《论劳动教育》,萧勇、杜殿坤译,湖南教育出版社,1987,第 12 页。

教为中心"向"以学为中心"的变革,关键环节就是"劳动实践"——以实践为主要形式的劳动教育,本质上是探究式学习、体验式学习、服务式学习。也就是说,要加强劳动教育与社会生活、生产实践的联系,把劳动教育作为学生认知社会、改造社会的有效方式,把亲身参与、手脑并用、服务社会作为强化劳动实践的核心内容,关键是要帮助学生获得劳动实践的机会与场所。

岭大工读制度得以广泛开展,其中一个主要原因就是学校尽力拓展工读服务的范围,提供了许多工读的职位。现在的高校基本处于城市区域内,交通便利,信息非常灵通,又处于一个全面提倡创新创业的时代,就更应该帮助学生拓展劳动实践的空间和场所。目前,高校的实践育人场景丰富多样,除了实践教学、专业实习、志愿公益、社会服务外,还出现了校内实验室、创客空间、小型种植养殖园、微工坊等实践新形态,还可与校外企事业单位、青少年宫、厂矿、农林场等共建校外劳动教育实践基地,尽可能地让学生承担与其所学专业相关的力所能及的实践事务,为他们创造劳动机会,提供劳动教育场所,把劳动教育做深做实。

(三)在集体中实施劳动教育

岭大实施工读制度是有组织实施的。为推行工读制度,岭大成立了学生工读委员会,由校长指派5~9人组成,并指定其中一人为主席。在各学院自选3人成立工读审查委员会,审查该学院申请学生的家庭状况,确定应否给予工作;审查委员会下设干事部,由校中择派办事能力强的学生3人,1人为干事,2人为副干事,办理日常工读事宜。申请工读的学生先到审查委员会干事部领取申请表,填表后提交审查委员会,审查通过之后由干事部分配工作。《工读细节》规定工读学生应尽力负责,勤劳工作,如主管人员认为其不适合该项工作,报告给工读审查委员会,则随时停职解聘之。[①]

岭大有组织地实施工读制度,一方面是为了加强对学生的管理,避免学生各行其是,混乱失序,特别是因工读而妨碍其学业的同学,必须停止其工作。另一方面是通过集体、在集体中实施工读制度,使学生感觉到岭大存在一个正规的工读群体,在工读委员会的督导下工作;要成为这个集体中的一员,须通过严格的资格审查,有一套严格的监管制度;自己被给予工读的机会,不仅不

---

① 岭南大学校报编辑组:《工读审查委员会简章》,《岭南大学校报》(曲江版)1942年11月1日。

会被歧视，反而是一份荣幸；工读不仅仅是为了解决经济困难，而是为学校做事，为群体服务，必须"干得尽职尽责"，从而提高其对集体劳动的认同感、归属感和责任感。

著名的教育家马卡连柯和苏霍姆林斯基集体劳动理论强调为了集体、在集体中、通过集体来教育学生。马卡连柯认为最有效的劳动教育，其主体必是劳动集体，劳动教育要围绕劳动集体而展开；在一个劳动集体中，由于有共同的劳动目标和统一的劳动方式，会潜在地激发个人对于劳动集体的归属感，更加自觉用劳动集体的要求来规范个人的劳动行为。[①] 苏霍姆林斯基认为学生的劳动热情主要产生并存在于劳动集体之中，集体的劳动生活成为对个人施加教育影响的一个重要前提，学生在劳动集体中才能意识到自己应尽的义务和责任，学校应该通过劳动集体去组织学生的日常生活和练习活动。[②]

当今世界劳动社会化的程度越来越高，体现出以下几个特点。一是劳动在统一的管理下进行，遵守共同的劳动规则。二是参与主体是群体或团队，而不是个人。三是工作本身具有一定的复杂性，不是一个人可以完成的，必须在团队成员的分工合作下才能完成。同时，现代社会环境复杂多变，充满了不确定性和挑战，只有依靠团队，才能在复杂多变的环境中求得生存并实现自我价值。集体劳动是培养学生合作精神和合作能力，助力他们更好地应对未来社会的挑战和机遇最有效的途径之一。高校组织集体劳动，就是要让学生具备良好的沟通能力、协调能力、解决问题的能力以及相互信任和支持的品格；懂得在团队中承担起自己的责任和义务，为团队的共同目标而努力；学会在团队中如何各司其职、各尽其能，同时又相互配合协作、互相尊重，让自己的智慧在集体中得到显现，让自己的付出得到集体的认可或赞许，遇到困难时又能及时得到集体的帮助，从而加深对劳动集体的情感体认，懂得许多为人处世的道理。

（四）在"劳有所得"体验中实施劳动教育

岭大实施的工读不只是一种体验式劳动，也不是公益性劳动，而是勤工俭学。对学校来说是带资助性的劳动教育，对学生个人来说是一种有酬劳动，因而有明确的指向性，即"给学生中学费不甚充足者补助"[③]，只有"敦品力学，

---

① 吴式颖等编《马卡连柯教育文集》（上卷），人民教育出版社，2016，第31页。
② 〔苏〕苏霍姆林斯基：《论劳动教育》，萧勇、杜殿坤译，湖南教育出版社，1987，第12页。
③ 钟荣光：《本校的工读问题》，《南大青年》1927年第3期。

经济需要，方能享受工读权利"①。工读根据劳动强度，实行有差别的报酬制度，"工作分为两种，一为劳苦工作，如管理各处斋舍地方清洁，抹窗门，及割草等。一为抄写工作，如抄写、打字等。……劳苦工作，每小时工资国币四角，抄写工作，每小时工资国币三角五分"②。得到工读机会的学生，经济上缓解了窘困，思想上加深了对劳动的认识，情感上感恩学校的帮助和关怀。如一位叫毛锦霞的同学回忆当年参加岭大工读的感受：

> 校长费心费力找到了一批勤工俭学的经费，为我们这批战时离家的学子开设工读门路。我当时也因离家远，经费来源困难，报名申请工读。被批准宿舍助理员，工作简单，每周星期天协助宿舍管理员清洁环境卫生，擦洗地板，我们都干得很尽职尽责。第二年我被用为办公室工作人员，负责抄写，记不清是每周2小时还是4小时了，这一年我做工读生的工资拿到800元，既减轻了家庭负担，更可贵的是培养了我的自尊、自爱、自信、自立、自强的思想意识，要用自己的双手创造自己美好的未来。这是母校、师长送给我的最珍贵的礼物。③

岭大实施工读可使家庭经济上有困难的学生获得稳定、可靠的经费来源，尤其是特困生得到了有效资助，得以完成学业，更可贵的是培养了学生"自尊、自爱、自信、自立、自强的思想意识"。可以想见，如果岭大的工读只有劳动，没有报酬，那么这种劳动就只能靠硬性规定才能维持下去，很难让学生实实在在地体验到自己的劳动得到了认可、承认和尊重，也难以让学生体验到通过自己的双手可以"创造美好的未来"，更不会培养学生对学校的感恩和热爱。

马克思主义认为，劳动是人类生存的基本条件，"为了满足需求，就需要有劳动"④。习近平总书记指出："劳动是财富的源泉，也是幸福的源泉。人世间的美好梦想，只有通过诚实劳动才能实现；发展中的各种难题，只有通过诚实劳

---

① 私立岭南大学：《私立岭南大学一览》（上），岭南大学1932年自印本，第41~42页。
② 私立岭南大学：《私立岭南大学一览》（上），岭南大学1932年自印本，第41~42页。
③ 毛锦霞：《难忘母校》，载《大村岁月——抗战时期岭南在粤北》，"大村岁月"出版组1998年自印本，第80~81页。
④ 顾士明、郭铁民主编《〈资本论〉选读课教材》，南京大学出版社，1990，第238页。

动才能破解；生命里的一切辉煌，只有通过诚实劳动才能铸就。"① 在学校推行勤工俭学，开展有偿性的劳动教育，就是要让家庭经济有困难的学生以个人所得劳动报酬弥补和解决部分学习与生活上的费用，获得"劳有所得"的体验感，通过学习以外的时间勤劳付出，直接品尝到劳动所得，第一时间体验到"获得感"，看到劳动所得对自己处境的改变，很直观地体会到自立、自强、努力奋斗的重要性，这比口头上进行劳动思想教育更有效、更有说服力。

此外，岭大的勤工俭学之所以能顺利开展，是因为学校用陈学谈先生捐资的20万元设立了勤工助学基金。这笔基金交由工读委员会管理，专款专用，保证了岭大无论财政上遇到多大困难，勤工俭学可以持续有序地开展下去。

（五）在整体育人体系中实施劳动教育

德智体美劳是学生全面发展的整体目标，也是一个教育体系。在这个体系中，劳育是促进德、智、体、美发挥育人作用的实践性途径。德育需要劳动实践的体验感受，需要知行合一去落实落地。智育需要实践检验，学以致用。体育本身就是"动"的教育，运动是特殊的劳动，体育离不开劳动教育。美育更需在劳动实践中去体会、感受。简言之，劳动可以树德、可以增智、可以强体、可以育美，劳育具有综合的不可替代的作用。

岭大从育人出发，注重在整体育人体系中实施劳动教育。岭大的劳动教育同常规的教育教学活动以及课外文体活动紧密结合在一起。这些教育活动的开展主要是在学生会的组织领导下，得到学校的大力支持，显示出共同的育人主题：自力自造，自己动手；不畏困苦，迎难而上；敢于竞争，不甘人后；相互配合，团结协作。如岭大的音乐和戏曲活动被称为"岭南学生的第二课业"，这些活动基本上是靠学生自己合作完成的。戏剧演出的全部剧务，包括剧本、台词、排练、布景、灯光、服装等，都是由学生承担。② 岭大校内编印的刊物近30种，自总编至校对，均由学生担任。③ 岭大各社级之间经常组织球类比赛，均没有聘请教练，体育教员也实在无法分身，裁判只能由同学担任，因此都是依靠

---

① 《习近平：充分发挥工人阶级主力军作用　依靠诚实劳动开创美好未来》，《人民日报》2013年4月29日。
② 何名芳：《山村中的岭南传统和精神》，载《大村岁月——抗战时期岭南在粤北》，"大村岁月"出版组1998年自印本，第70页。
③ 何名芳：《"岭南"话苍桑》，载《广州文史》第52辑，广东人民出版社，1998，第212页。

实战中学习、锻炼来提高水平。① 学生参加这些文体活动本身就包含了热心为群体服务的劳动教育的因子。②

岭大所开展的劳动教育和课外文体活动,灵活穿插于教学活动的间隙,相互配合,共同指向自己动手、自力自造的德育主题,体现出岭大"德、智、体、群"四育全才体系③,与我们今天提出的"三全育人"即全员育人、全程育人、全方位育人以及德智体美劳"五育并举"的教育体系非常契合。古希腊哲学家德谟克利特说:"如果儿童让自己任意地不论去做什么而不去劳动,他们就既学不会文学,也学不会音乐,也学不会体育,也学不会那保证道德达到最高峰的礼仪。"④ 这段话对今天大学教育存在"长于智、疏于德、弱于体美、缺于劳"的问题,具有警示和启发作用,即把劳动教育放在整体育人体系中加以实施,在"三全育人"和"五育并举"过程中发挥育人的集群效应和联动效应,通过多类行动的共同努力,获得"1+4>5"的整体优势。同时在体制机制、育人氛围、环境条件中发挥潜移默化的作用,把显性劳动教育因素与隐性劳动教育因素结合起来,改变大学教育体系中"缺于劳"的状况,构建一个全方位、多层次、多模态的劳动教育体系,以培养思想政治素质、专业知识技能、身心健康、审美情趣和人文素养都得到充分发展的,具有正确的世界观、人生观、价值观的社会主义建设者和接班人。

三 结语

抗战胜利后,李应林校长总结战时岭大在粤北实施工读制度的意义时说:"以往本校在社会心目中视为贵族学校,然学校在内地数年,学生之劳动服务、工读等,已将贵族习气一扫而空,兹仍希望百尺竿头更进一步,虽人力财力之困难尚多,然此时教育青年之机会更大。"⑤ 岭大工读所要铸造的精神,生动体现在岭大师生共同传唱的歌曲中:"他们叫岭南人做岭南牛,粗黑,大只,不

---

① 何名芳:《"岭南"话苍桑》,载《广州文史》第52辑,广东人民出版社,1998,第217页。
② 岭大每届毕业典礼上,学校除奖励品学兼优者和单科优胜者外,还设有服务奖,鼓励热心为人群服务的人。
③ 金庆骥:《李应林博士与岭南向心力》,载《岭南大学校长李应林诞辰100周年纪念》,李应林基金会1992年自印本,第40页。
④ 北京大学哲学系外国哲学史教研室编译《古希腊罗马哲学》,商务印书馆,1961,第114页。
⑤ 李应林:《复员之回顾与前瞻》,载《抗战期间的岭南》,岭南大学1946年自印本,第61页。

靓。我听了，微微笑，不否认……服务人群却以牛胜。做工，耕田，全身贡献，功劳谁与竞……为人群谋幸，有惜乎，身负重轭，供牺牲。"[1] 抗战时期岭大实施的工读制度对今天的高校来说，时代固然已是不同，大环境也迥异，但育人的内在精神是相通的，即通过劳动教育让学生获得符合时代需要的劳动技能，增强对劳动价值的认识，培养正确的劳动观念和态度，"在辛勤劳动、诚实劳动、创造性劳动中成就梦想"[2]。

（编辑：王玲）

---

[1] 何名芳：《"岭南"话苍桑》，载《广州文史》第52辑，广东人民出版社，1998，第224页。
[2] 刘念：《在辛勤劳动、诚实劳动、创造性劳动中成就梦想》，《人民日报》2024年5月2日。

·发展新质生产力·

高校劳动教育赋能新质生产力：
内在依据、逻辑机理和实践进路[*]

颜培鲁 刘金枝[**]

摘 要：劳动教育和新质生产力是高校教育研究中备受关注的议题，二者在创新和实践的价值基点上具有高度契合性。高校劳动教育和新质生产力之间的理论联结、价值共性以及相互促进的内在依据，为高校劳动教育赋能新质生产力提供了可能性。从其逻辑机理看，劳动教育为发展新质生产力提供了强大的推动力，对于提供高素质劳动力、激发人才创新创造活力、塑造新型劳动者等方面具有重要的价值。在实践过程中，可以通过新质生产力融入劳动教育课程、劳动教育和专业课程相融合、科技推动劳动教育创新发展等路径，切实发挥劳动教育赋能新质生产力的支柱作用，凝聚发展新质生产力的人才力量，打造高素质复合型的新型劳动者队伍。

关键词：新质生产力 劳动教育 新型劳动者

劳动教育是中国特色社会主义教育制度的重要内容，是高等教育人才培养体系的关键部分。劳动教育旨在对大学生进行劳动意识、技能和实践教育，引导学生通过劳动创造获得幸福感和创新灵感，培养具有社会责任感、创新精神和实践能力的高素质专业人才。[①] 2020 年 3 月 20 日，中共中央、国务院发布的《关于全面加强新时代大中小学劳动教育的意见》中提出："劳动教育要体现时代特征，适应科技发展和产业变革，针对劳动新形态，注重新兴技术支撑和社

---

[*] 本文系 2024 年度辽宁省社会科学规划基金项目"人类命运共同体的文化构建研究"（项目编号：L24BKS004）的阶段性成果。
[**] 颜培鲁，山东大学马克思主义学院硕士研究生，主要研究领域为马克思主义基本原理；刘金枝，锦州医科大学马克思主义学院硕士研究生，主要研究领域为思想政治教育。
[①] 曲霞、刘向兵：《新时代高校劳动教育的内涵辨析与体系建构》，《中国高教研究》2019 年第 2 期。

会服务新变化。"① 可见劳动教育要与时俱进，根据社会发展需求，有针对性地对劳动者进行技能的培养，注重教育与科技、产业的深度融合。2023 年 9 月，习近平总书记在黑龙江考察时创造性地提出了"新质生产力"这一概念，并进一步指出，新质生产力"以劳动者、劳动资料、劳动对象及其优化组合的跃升为基本内涵，以全要素生产率大幅提升为核心标志"②。换言之，新质生产力是创新占主导地位，以劳动三要素的优化组合为内涵，提高生产效率、推动社会高质量发展的先进生产力。劳动者是发展新质生产力和劳动教育的主体对象，发展新质生产力离不开高素质的人才支撑，高素质的人才则需要高水平的劳动教育。本文立足于高校劳动教育赋能新质生产力的视角，从内在理论依据、逻辑机理以及具体的实践路径三个方面，对该问题进行了分析，对把握新质生产力对于人才的新要求，提高劳动者的创新性劳动能力、专业知识和技能，夯实发展新质生产力的人才基础具有一定的价值。

一 高校劳动教育赋能新质生产力的内在依据

马克思主义劳动观与生产力发展理论始终是紧密联系的。劳动是改变自然物质以满足自身需要的过程，是贯穿生产过程全部环节的本质活动，没有现实性劳动，人的生产活动就无法进行。习近平总书记指出："要在学生中弘扬劳动精神，教育引导学生崇尚劳动、尊重劳动，懂得劳动最光荣、劳动最崇高、劳动最伟大、劳动最美丽的道理，长大后能够辛勤劳动、诚实劳动、创造性劳动。"③ 高校作为向社会各行业输出人才的主要场所，高校劳动教育对于当前新质生产力的发展具有基础性、决定性的意义，其内在的逻辑必然是生产力发展的实践要求与马克思主义劳动观、社会价值与劳动者个人发展以及新质生产力与劳动教育相互促进三个方面的有机统一。

---

① 中共中央、国务院：《关于全面加强新时代大中小学劳动教育的意见》，《人民日报》2020 年 3 月 20 日。
② 《习近平在中共中央政治局第十一次集体学习时强调：加快发展新质生产力 扎实推进高质量发展》，中国政府网，https://www.gov.cn/yaowen/liebiao/202402/content_6929446.htm。
③ 《习近平在全国教育大会上强调 坚持中国特色社会主义教育发展道路 培养德智体美劳全面发展的社会主义建设者和接班人》，《人民日报》2018 年 9 月 11 日。

(一)理论联结：新质生产力和马克思主义劳动观的耦合贯通

马克思主义劳动观强调劳动是人类最基本的实践活动，是价值创造的源泉。劳动者通过在具体劳动中运用新技术、探索新模式，实现价值增值。在生产力范畴中劳动者、劳动资料和劳动对象是最基本的三个构成部分，其中最为活跃的是作为能动主体的劳动者。此外，生产力的发展水平从根本上决定教育发展的方向和状况。随着新质生产力不断深入社会生产的各个领域，当前教育必须培养出符合其发展要求的新型劳动者。劳动教育是通过各种形式的劳动实践活动，对劳动者进行热爱劳动、尊重劳动的教育，其目的是培养学生正确的劳动观念、良好的劳动习惯和积极的劳动精神，鼓励学生积极参与到广大的社会生产实践中去，从劳动实践中获得教育，促进个人的全面发展。新质生产力的基本内涵要求当代劳动者各方面综合素质必须全面跃升，并且与劳动资料、劳动对象进一步优化组合。因此，新时代将高校劳动教育摆在了更为突出的位置，其本身就已经成为新质生产力产生和发展的内在要素之一。

人才是新质生产力的第一资源，新质生产力的发展离不开教育的支持，教育是新质生产力形成的关键要素和积极变量。劳动教育和新质生产力虽然有质的区分，属于不同层次的研究领域，但二者在主体上统一于直接从事物质生产实践的"劳动者"这一范畴。直接或潜在参与社会生产的"劳动者"是劳动教育的对象，也是新质生产力发展的主体能动部分。马克思主义关于"劳动者"这一范畴的理论意蕴极其丰富，其中首要包含的就是从事物质生产的人。马克思指出"现实中的个人，也就是说，这些个人是从事活动的，进行物质生产的"[1]。劳动教育无论是从促进新质生产力发展，还是从发扬劳动者能动性而言，都是达到目的的手段，而非手段本身。其对象和目的都是现实的、从事生产劳动的广大劳动人民，为的是提升劳动者的综合能力，最终达到人的全面发展。劳动教育的具体方式是实践的、现实的，以劳动过程为途径从而达到促进"现实中的个人"的发展的目的。因此，具体在社会生产实践中的"劳动者"——即马克思所高度概括的"现实中的个人"是劳动教育和新质生产力二者的理论联结和根本指向。

从现实发展上来说，"现实中的个人"处在人与人之间多样的社会关系之

---

[1] 〔德〕马克思、恩格斯：《马克思恩格斯文集》第1卷，人民出版社，2009，第524页。

中，生产关系则处于最核心的位置。发展新质生产力必须依靠人们所参与的社会实践，其结果必然是新型生产关系的诞生。这样的生产关系对劳动者的综合素质提出了更高的要求，要在各方面促使"现实中的个人"能够适应新质生产力的发展要求。随着新质生产力的发展，传统劳动形态已经被深刻改变，创造性劳动与复合型劳动逐渐成为生产过程中的主流，这就更加强调要使劳动教育培养学生在实践中的创新能力和综合素质。因此，新质生产力的发展的现实要求与劳动教育所能够发挥的显著优势得以贯通。

（二）价值共性：新质生产力和劳动教育效能作用的双重导向

在马克思主义哲学中，价值是主体和客体之间一种特定的"需要与满足"之间的辩证关系，在人类具体的、历史的社会实践活动中形成、发展和实现。从价值的主体方面讲，劳动教育和新质生产力的主体对象既是具体的微观个人，又是抽象的宏观社会；从价值的评价标准方面讲，二者对于价值主体的作用又归之于社会选择与个人选择相统一的原则。因此，劳动教育和新质生产力发展的价值共性必然在社会和个人两个层面所展现出来。

在宏观上，劳动教育所承载的价值意蕴和新质生产力发展的目的导向从社会层面得到统一。一方面，高校学生普遍处于踏入社会前形成正确人生观、价值观的关键时期，高校肩负着培养社会主义建设者和接班人的重任，劳动教育的价值取向在于引导学生树立正确的价值观，通过实践劳动提高人的思想认知，增强对劳动人民的感情，培养有理想、有道德、有文化、有纪律的社会主义建设者和接班人，因此符合当今发展要求的劳动教育本身就与社会主义现代化建设相契合。另一方面，新质生产力的目的是促进社会高质量发展，马克思主义认为生产力、生产关系和上层建筑这三个相互联系的基本层次构成了有机的人类社会，其中生产力始终是最核心、起主导作用的力量，决定着社会生活形态及其发展。从现实方面来讲，当前高质量发展是全面建设社会主义现代化国家的首要任务，习近平总书记指出："高质量发展需要新的生产力理论来指导，而新质生产力已经在实践中形成并展示出对高质量发展的强劲推动力、支撑力。"[①]发展新质生产力最终指向的是整个社会，促使新的生产关系、新的上层建筑形

[①] 习近平：《发展新质生产力是推动高质量发展的内在要求和重要着力点》，《求是》2024年第11期。

成，由此可见，高校劳动教育和新质生产力对于社会的推动作用契合融通，都是当今社会发展的内在动力之一。

在微观上，劳动教育所包含的实践规定和发展新质生产力的内在要求于个体层面得以交融。首先，二者都强调通过在实践中的具体活动来培养个体的创新思维，充分调动人的主观能动性。劳动教育要求学生提高创造性劳动能力，不仅要学习到具体的知识技能，还要激发创新潜能，为未来劳动生产和个人生活各个方面铸牢坚实基础。同样，新质生产力的不断发展也要求劳动者具备持续创新的能力，由此才能够适应科技快速发展的时代。其次，劳动教育和新质生产力都要求人的全面发展，不仅仅是单一领域专业技能的提升，更包括德、智、体、美等多方面的教育。这种全面的素质培养，使得个体能够在复杂多变的社会环境中保持竞争力。最后，高校劳动教育能够适应科技发展和产业变革的时代特征。劳动教育和新质生产力都强调理论与实践相结合，重视前沿科技成果的应用和转化。在科技发展的浪潮之中，自动化和智能化逐渐成为主要趋势，不断取代传统的劳动生产模式。劳动教育通过融合多样化的科技发展成果，使学生不仅能够掌握知识，更能在实际中接触到新的生产形式。

（三）相互促进：新质生产力和劳动教育协同赋能的必然要求

劳动教育在高校中推动落实，重点在于要把握劳动教育和新质生产力之间的互惠关系。马克思主义不仅注重事物内部对自身的扬弃发展，也同时强调事物与事物之间相互联系、相互作用的关系。劳动教育和新质生产力二者一方面是对以往劳动教育方式和生产力理论的扬弃超越，另一方面新旧事物之间也是统一的互惠关系。

劳动教育在新质生产力发展的实践要求中实现自身的扬弃和超越。我国自古便有尊重劳动、重视生产的优良传统，众多文献、典籍以及口口相传的寓言故事之中，无不展现了我国先民勇于改造自然的斗争精神和对美好生活的追求。但由于古时统治阶级的长期思想控制，也存在着许多对于体力劳动的鄙夷，因而出现了"劳力"与"劳心"的分野。这实际上体现了统治阶级和被统治阶级之间的尖锐矛盾，体现了剥削与被剥削的斗争关系。近代以来，西方资本主义社会的劳动教育为了适应工业革命的飞速发展，逐渐注重培养工人的技能和素质，其目的是通过教育培养出能够适应资本主义生产方式的产业工人，满足资本主义社会化大生产的需要，体现出了强烈的阶级性，是服务于资本增值的需要，最终指向的是资产阶级的利益。当前，在新一轮科技革命和产业变革之中，越来越多岗位体力劳动和脑力劳动的区别愈发模糊，劳力与劳心的对立也不断被扬弃。这不仅是新质生产力发展的需要，也是社会主义社会不断发展的必然结果。无论是劳动教育还是新质生产力的发展，人民性都是其基本立场，符合当今发展要求的劳动教育是服务于新质生产力、服务于高质量发展、服务于中国特色社会主义的新型劳动教育。

新质生产力在劳动教育的推广落实中夯实自身发展的动力基础。从理论上讲，"自然界没有制造出任何机器，没有制造出机车、铁路、电报、走锭精纺车等等。它们是人类劳动的产物……它们是人类的手制造出来的人类头脑的器官；是物化的知识力量"[①]。换言之，马克思在这里指出劳动资料和劳动对象只是在劳动过程中由人这一能动要素来对其运用、改造，将自身的本质力量对象化，将客体扬弃为具体的劳动产品，而劳动力才是生产力发展要素中最积极、最具决定性的因素。从实践发展上讲，以往大多生产性劳动主要为体力劳动和传统手工艺技能，更多依赖于标准化的生产流程和固定的工作模式，多数岗位的工作重复性、机械性较强，对劳动者的技术知识和创新的要求较低。新质生产力强调知识性劳动，重视创新创造能力，面对快速变化的技术环境，必须具备较高的灵活性和适应能力。新质生产力已经成为当代劳动教育的指向标杆，只有通过广泛的劳动教育提升劳动者对新技术、新工具、新模式的适应，在实践中全面提升劳动素质，才能培养劳动者的适应能力和创新素养，为新质生产力发展注入不竭的动力支持。

二 高校劳动教育赋能新质生产力的逻辑机理

要将劳动教育融入高校学生专业教育课堂，重塑传统的教育模式。当前，高校的教育方式对于学生科技素养重视不足、创新意识欠缺以及人才培养与现实产业发展的需求脱节，难以适应新质生产力的发展要求。因此，必须通过深入的劳动教育开拓学生实践的深度和广度，与产业深度转型升级相汇聚，和生产要素创新配置相契合，从而为新型劳动者队伍的建设培养充足的后备力量。

---

① 〔德〕马克思、恩格斯：《马克思恩格斯全集》第30卷，中共中央马克思恩格斯列宁斯大林著作编译局译，人民出版社，1998，第102页。

(一)提供高素质劳动力，奠定发展新质生产力的人才基础

社会生产力得以大幅度跃进，归根到底依靠革命性技术突破，马克思指出，"生产过程成了科学的应用，而科学反过来成了生产过程的因素即所谓职能"[①]，表明科学技术在生产力的发展上扮演了极其重要的动力角色，而新质生产力正是随着新一轮科技革命和产业变革而产生。在由新质生产力推动社会经济发展的模式下，未来高科技、高效能、高质量发展将逐渐成为主要特征，对于劳动者所具备的科技素养，也相应提出了更高的要求。从概念上来看，劳动者的科技素养指的是个人在科学技术领域的知识技能、研究方法和思维能力。从现实上来说，当前诸多岗位要求劳动者能够准确了解所在行业领域的前沿技术以及应用情况，在面对生产过程中的实际问题时，要有求真务实、敢于探索的科学精神，并且能够运用各种新的方法和工具，总结先进经验推动新质生产力的发展。

近年来，我国国民总体科技素养有了普遍的提升，但一些方面仍然存在问题。在不同行业领域，劳动者的科技素养相差较大，尤其是在劳动密集型产业之中，劳动者从事的生产活动以机械性、重复性劳动为主，岗位本身对于劳动者的科技素养要求不高。而面对产业结构调整以及自动化技术的不断深入，相关行业的劳动者在面临变换岗位时，科技素养更显得相对匮乏。目前，高校的教育体系在适应快速的科技变化方面仍存在不足，高等教育的培养模式与产业界对高技能人才的需求之间存在明显差距。劳动教育作为提升学生科技素养的重要途径，需要将最新的产业技术融入教学之中，与科技创新、数字化转型、智能制造等现代劳动领域紧密结合，使学生能够掌握必要的生产知识和劳动技能。在教学实践中，应紧跟生产力发展的新趋势，构建与未来产业和技术发展相适应的劳动教育体系和教学内容，从而培养符合新质生产力发展的新质人才。

(二)激发创新创造活力，提供转换发展新动能的现实驱动

推动我国社会经济高质量发展离不开新旧动能转换，新动能是指通过科技创新推动产业创新，尤其是颠覆性技术和前沿技术催生的新产业、新模式、新

---

① 〔德〕马克思、恩格斯：《马克思恩格斯文集》第8卷，中共中央马克思恩格斯列宁斯大林著作编译局译，人民出版社，2009，第356页。

动能等推动新质生产力发展的全新力量，而新质生产力是现阶段激发新动能的决定力量。新质生产力的发展驱动在于创新，无论是在科学技术、产业转型、发展方式还是在体制机制等方面，都需要靠实践中的创新来推动。从根本上讲是依靠人才的创新创造能力，这种创新创造能力对劳动者现有的认知水平、思维能力和劳动技能，都提出了更高的要求。劳动者主体能力的发展，作用到生产实践中则是劳动资料使用效率的提高，以及改造劳动对象的范围扩大，最终实现社会生产力的提升飞跃。因此，转换新动能、推动新质生产力发展的核心在于激发劳动主体的创新创造能力，充分发挥人才的能动创造，培育各个行业领域的创新人才，激活创新对新质生产力发展的驱动作用。

人才创新能力的培养既需要理论上宣传引导，在鼓励创新的社会氛围中形成，也要在教育中植入，在融合创新意识与生产实践的劳动教育中发掘。长久以来，我国高等教育更加偏向于对专业课程知识的传授，而对于实践中创新能力的培养关注不足，忽视了劳动教育对学生创新能力的影响作用，在很大程度上导致了专业技能与实际生产过程中劳动者的创造性发挥不足。马克思主义的劳动观强调人的主体性，人在劳动实践的过程中首先是客观环境的对象、受到客体的约束，但同时也是改造客观世界的主体，依靠主体的能动性激发人在实践中的创造性和创新能力，因而主体从中获得认识产生的基础。生产性的劳动作为最广泛的实践活动，给人的认识提供了丰富的直接经验，是理论认识和创新思维的起点，给予创新创造充足的感性材料。高校是直接对接社会各产业人才输送的终端环节，在这一阶段对学生创新能力的培养塑造，将直接影响到在未来工作实践中的创造能力。通过符合新质生产力发展要求的劳动教育，整合学科所涉及的各领域知识和方法，在劳动实践中将理论知识与实践的感性材料实现深度融合，实现劳动教育对人才创新能力的培养，从而满足发展新质生产力的动能要求。

（三）形成崇劳树德风尚，熔铸塑造新型劳动者的精神支撑

新质生产力的快速发展，要求塑造与其相适应的新型劳动者。这一要求规定了新型劳动者不仅具有创新创造能力，能够适应现代先进技术和装备发展，更是具有高度的职业道德和责任感，具备注重细节和质量、追求卓越的工匠精神，从根本上讲新型劳动者必须要符合现代化产业的发展要求。高校劳动教育是培育新型劳动者的重要途径。高校劳动教育必须发挥对学生劳动精神的培育作用，通过紧贴发展新质生产力的社会实践活动，使学生树立正确的劳动观念，在劳动过程中培养敬业、勤奋、严谨的精神品质，形成积极向上、勇于拼搏的态度，激发学生对劳动的热爱和尊重，从而发挥劳动教育的价值塑造作用。此外，在发展新质生产力过程中形成的现代工匠精神，通过高校劳动教育的方式得以传承。工匠精神是劳动者在长期的劳动实践中形成的一种职业精神，高校劳动教育通过系统的教育教学活动，提升学生的劳动技能和职业素养，培养精益求精、崇劳尚美的品质，专注创新的意识，使学生在专业技能的训练中追求极致，从而为工匠精神的传承和发扬提供坚实的基础。

马克思指出："毫不相干的个人之间的互相的和全面的依赖，构成他们的社会联系。"① 劳动者的个人劳动是整个社会物质财富的源泉，每个人的劳动内在地便是整个社会总体的一部分，要求劳动者个人的生产必须与整个社会的进步与发展联系起来。因此，劳动教育在培养学生社会责任感和勇于担当的精神方面具有不可替代的作用。劳动教育通过理论教学和实践活动相结合的方式，帮助学生深入理解社会责任的内涵，使学生深刻认识到劳动不仅是个人谋生、满足主体需要的私人活动，更是为整个人类社会创造财富、推动社会进步的重要部分。劳动教育引导学生关注当今社会的发展，将自己的劳动创造与中国式现代化的历史进程紧密结合起来，培养学生的社会责任感和使命感。通过高校劳动教育持续不断地熏陶，逐渐在学生之间形成崇劳树德风尚，教育学生自觉承担起新型劳动者应挑起的社会责任和使命，在新质生产力的发展中积极贡献自己的力量。

三 高校劳动教育赋能新质生产力的实践进路

习近平总书记强调："要根据科技发展新趋势，优化高等学校学科设置、人才培养模式，为发展新质生产力、推动高质量发展培养急需人才。"② 新质生产力是当代先进生产力的重要表现，教育必须紧跟时代步伐，高校劳动教育赋能新质生产力既适应了时代发展的需求，又有助于培养高素质的人才，还能推动

---

① 〔德〕马克思、恩格斯：《马克思恩格斯全集》第30卷，中共中央马克思恩格斯列宁斯大林著作编译局译，人民出版社，1998，第106页。
② 《习近平在中共中央政治局第十一次集体学习时强调 加快发展新质生产力 扎实推进高质量发展》，《人民日报》2024年2月2日。

产业转型升级，对生产力的发展起到直接的推动作用。

（一）以新质生产力融入劳动教育课程为主线，优化劳动教育内容

新质生产力是创新、质优的先进生产力，以劳动者、劳动资料、劳动对象及其优化组合的跃升为基本内涵，而劳动教育是落实立德树人根本任务的关键课程，培养爱劳动、会劳动、懂劳动的时代新人。因此，劳动教育是推动新质生产力加快发展不可或缺的力量，高校劳动教育应该结合新质生产力的发展要求，将新质生产力融入劳动教育课程中，培养学生正确的劳动价值观，即培育具有创新精神、实践能力和良好劳动素养的新质劳动者。这些劳动者将具有高水平的专业知识和实践技能，适应新的社会环境和生产环境，成为推动新质生产力发展中的积极力量。

新质生产力融入劳动教育课程，优化劳动教育必修课建设。在必修劳动知识之外，设计涵盖新质生产力基础理论、关键技术、发展趋势以及案例分析的课程体系。课程应该包括从基础知识到高级应用的各个层面，使学生对新质生产力有一个全面而深入的理解，并具备扎实的理论基础。[①] 针对理工科类学生，可以开设专门的课程，如"智能制造""大数据分析""人工智能应用"等，让学生深入理解新质生产力的核心技术和应用领域。新质生产力本身就是绿色生产力，在劳动教育中融入绿色低碳理念、贯彻新发展理念，增强学生的环保意识和实践能力，对于推动当前社会可持续发展具有重要意义。

新质生产力融入劳动教育课程，培育创新进取的劳动精神面貌。弘扬与劳动相关的社会主义先进文化，劳模精神、劳动精神与工匠精神是以爱国主义为核心的民族精神和以改革创新为核心的时代精神的生动体现。[②] 这些精益求精、坚持不懈、爱岗敬业的精神特质是激发学生创新热情的重要源泉，也是发展新质生产力的内生动力。同时，灵活运用劳动模范和大国工匠的典型案例，讲清他们劳动的人物事迹和关键成就，增强学生劳动的荣誉感和责任感，激发学生的劳动热情和创造活力，使学生形成积极向上的劳动精神面貌。

新质生产力融入劳动教育课程，树立全生产要素协调配置的劳动价值取向。

[①] 倪淑萍、包佳佳：《新质生产力发展背景下高职劳动教育：理念转型及创新路径》，《职业技术教育》2024年第19期。

[②] 刘向兵、曲霞：《劳动教育赋能新质生产力的价值定位与路径创新》，《国家教育行政学院学报》2024年第9期。

发展新质生产力强调各类要素的协调配置,要求各类生产要素的协同作用,以实现生产效率和经济效益最大化。在劳动教育过程中,要加强社会主义和谐劳动关系教育,培养学生树立对劳动、资本、知识、技术等各种生产要素协调配置的正确理解,助力学生形成积极的劳动观念和价值取向。

(二)以劳动教育和专业课程有机融合为重点,拓展社会实践活动

劳动教育和专业教育的有机融合是高校培养创新型人才的主要方式。劳动教育侧重引导学生树立正确的劳动观念和精神品质,具备必要的劳动知识和劳动能力。专业教育侧重专业理论、知识和技能的培养。劳动教育和专业教育都致力于促进人自由而全面的发展,遵循"认识—实践—再认识—再实践"的辩证过程。劳动教育和专业教育的有机融合不仅是对发展新质生产力背景下教育要求的回应,也是完善育人体系、提升育人质量的必然选择,推动学生在实践中掌握发展新质生产力所需的必备劳动技能。

劳动教育和专业课程有机融合,必须加强校企合作。鼓励高校与企业共建课程、共编教材,邀请专家进校针对科技前沿问题开展讲座,进行资源共享,共同助力培育具有较强创新思维和创造能力的新型劳动者。整合校企多方资源,建立研发中心和实践基地,鼓励学生和教师进入研发中心、实验室参加各种各样的科研项目,提高科研能力,推动产品研发和成果转化,形成研究性教学和创新性发展的良性互动。积极构建校企合作平台,为学生提供更多优质实习实训的机会。专业技能是企业与学校联系的纽带,推动企业在学校设立培训基地,学校在企业设立实践基地。通过与企业的合作,学生在真实的工作环境中熟悉新质生产力变革所呈现出来的新模态,从而更好地为未来的职业生涯做准备。通过这些实践环节,学生不仅能够掌握必要的技能,还能培养团队合作精神和职业素养,为成为适应新质生产力发展的新型劳动者打下坚实基础。

劳动教育和专业教育有机融合,必须深化产教融合。深化产教融合,实现教育链、人才链与产业链、创新链的有机衔接和深度融合,对培养创新型人才、培育新型劳动者队伍将产生积极作用。推动跨学科专业的交叉融合培养,针对学生的专业和就业导向开设"科学技术、社会专题研究""创新与创业"等课程,旨在培养学生的多学科综合素质和跨领域解决问题的能力。此外,也要紧跟新质生产力的发展趋势,健全技能型人才构建,鼓励高校加强新能源、智能制造、人工智能、现代农业技术、精准医学、智能医学等新兴产业专业建设,

推动制造业转型升级，加快形成新工科、新农科、新医科、新文科的新格局。提高高校育人和企业的契合度，高校劳动教育和企业人事部门应构建协同工作机制，立足于新质生产力的发展现状，共同规划实施劳动教育。劳动力需求方可通过市场调研和行业分析，掌握最新的就业趋势和职业需求，逐步实现岗位技能需求与人才供给汇通融合。

（三）以科技推动劳动教育创新发展，打造新质育人合力

随着科技的飞速发展，科学技术正在深刻地改变人们的生活方式、思维方式和生产方式。在可预见的未来生产过程中，虽然人工智能可以代替人类完成部分简单、机械、重复的工作，但人工智能不能完全取代人类，因此，劳动教育仍然具有重要地位。在以数字化、智能化为主要特点的新一轮科技革命和产业革命的推动下，利用科技创新推动劳动教育发展是促进新质生产力高质量发展的又一重要引擎，为打破"教与学"限制、教学资料生成、虚实场景融合、资源共建共享提供便利条件。劳动教育要紧跟时代步伐，培养具有创新精神的新质人才，为新质生产力的发展提供有力的支持。

科技推动劳动教育创新发展，必须弘扬主流价值观。在信息源头上拓展符合时代旋律的优质劳动教育内容，扩大劳动教育影响力。提供大数据进行分析，为学生提供针对性教育，将劳动光荣、劳动幸福、创造性劳动等劳动价值理念融入网络空间，对学生产生潜移默化、深远持久的影响。[1] 网络空间应及时反映国家战略和发展动向，传播科技人才和劳动模范的人物事迹，使受教育主体了解当前国家科技发展的情况以及面临的"卡脖子"问题，激发受教育主体的创造性内驱力。

科技推动劳动教育创新发展，打造数字育人场域。数智时代下劳动教育突破了传统劳动教育教学地理空间的限制，为劳动教育提供了更多的可能性和实践性。借助虚拟现实（VR）、增强现实（AR）技术，创设沉浸式劳动场景，如模拟复杂的工业制造流程、搭建虚实结合的劳动实践平台，构建更加生动、直观的沉浸式学习模式。[2] 推动劳动教育和数字技术的深度融合，优化教育资源配

---

[1] 张晋：《数智时代高校劳动教育的价值旨向、问题审思及实践进路》，《当代教育论坛》2024年第6期。

[2] 薛敏霞、舒曼：《新质生产力赋能劳动教育：理论基点、现实堵点和实践方略》，《中国职业技术教育》2024年第28期。

置，通过在线教育平台整合各类优质劳动教育资源，为学生提供高质量的教学资源和学习复杂劳动技能所需要的工具。劳动教育依托人工智能、大数据分析等工具为学生制订个性化学习计划，根据学生学习兴趣，挖掘学生潜质，精准教学，构建以学生成长为中心的学习模式，推动劳动教育培养新质人才的智能化转向。

四 结语

新质生产力是新时代经济发展的重要引擎，而高校劳动教育则是培育适应这一变革的新型劳动者的关键路径。大力发展劳动教育，培养学生的创新精神、劳动素养和实践能力，是推动新质生产力发展的第一要素和动力源泉。高校劳动教育赋能新质生产力，要结合校内校外多种场所、课上课下不同时段，全面融入学生生活，提升劳动成就感和获得感。打造"课程教育—实践实训—科技创新"一体的教学模式，让劳动教育和新质生产力在相互交融、双向赋能中，为培育更多高素质的大国工匠、能工巧匠、科技领军人物发力。新质生产力为高校劳动教育课程增添了新的内容与活力，高校劳动教育为新质生产力的持续发展培养具有创新精神和实践能力的高素质人才。新时代，随着科技的不断进步和教育理念的不断革新，高校劳动教育将持续赋能新质生产力，为新时代经济发展注入澎湃动力。

（编辑：高曼）

·会议速递·

向劳动出发

——中国劳动关系学院 2025 劳动教育新年学术研讨会会议综述[*]

陈婷婷　纪雯雯[**]

为深入学习贯彻党的二十届三中全会精神和教育强国建设精神，推动落实中国劳动关系学院 75 周年校庆大会发起的"全国劳动科学学术研究共同体"倡议和劳动教育研究数据库建设工作，2025 年 1 月 5 日，由中国高等教育学会劳动教育专业委员会指导、中国劳动关系学院劳动教育学院（劳动教育研究院）主办的"向劳动出发"2025 年劳动教育新年学术研讨会在中国劳动关系学院召开。人力资源和社会保障部中国劳动和社会保障科学研究院院长莫荣、教育部学生服务与素质发展中心副主任方伟、中华全国总工会宣传教育部副部长李奉明、安徽艺术学院副校长柳友荣、内蒙古师范大学副校长韩巍、中共中央党校（国家行政学院）社会和生态文明教研部教授赖德胜、中国高等教育学会学术与交流部主任高晓杰、中国人事科学研究院人力资源市场与流动管理研究室主任田永坡、中国教育科学研究院劳动与社会实践教育研究所所长王晓燕、北京师范大学公民与道德研究中心主任班建武、人力资源和社会保障部就业促进司青年就业处一级主任科员田迪等专家学者，中国劳动关系学院党委书记刘向兵，副校长李珂、闻效仪出席会议。来自中国劳动关系学院以及中国人民大学、北京师范大学、中国农业大学、中国戏曲学院、北京林业大学、河北农业大学等 40 余所劳动教育专委会会员单位 140 余名教师参会。

一　劳动教育研究最新进展概览

中国劳动关系学院劳动教育学院（劳动教育研究院）在会议第一阶段发布

---

[*] 本文系中国劳动关系学院 2024 年度教师学术创新团队"教育与劳动力市场"团队研究成果。
[**] 陈婷婷，博士，中国劳动关系学院劳动教育学院（劳动教育研究院）讲师；纪雯雯，博士，中国劳动关系学院劳动教育学院（劳动教育研究院）副院长。

了其在2024年度领衔推出的两项重要研究成果——《中国劳动教育发展报告（2024）》和《"大学生劳动教育课程价值引领"调查报告》。以下为研究成果概览。

（一）《中国劳动教育发展报告（2024）》研究成果概览

《中国劳动教育发展报告（2024）》是由中国劳动关系学院自2020年以来领衔推出的第四本劳动教育年度报告，凝聚了多方力量与集体智慧。与前三本报告相比，该报告在内容结构上有较大调整，既有对2023年中国劳动教育总体进展的宏观概述，也有对2023年劳动教育学术研究、实践推进的深度聚焦，还有对不同学段、不同类型学校典型案例的生动展示，提供了一个多维度、全方位了解我国劳动教育现状的窗口。《中国劳动教育发展报告（2024）》主要观点有，从总体进展看，2020年至2023年上半年，社会层面对劳动教育的关注度稳中有升，2023年下半年开始略有下降；2022年底已建立从中央到地方的政策体系，2023年一些地方政府进一步细化政策，注重五育融合、法治建设和部门联合；各类劳动教育平台或机构大量涌现，成为推动劳动教育发展的重要力量；各类劳动教育出版物继续保持增长态势；各地开展丰富多样的劳动教育师资培训；大中小学劳动教育评价体系进一步健全。从学术研究看，劳动教育各类文章呈现出异质性特征，基础理论研究涵盖多个主题，劳动教育思想理论体系更加完善，劳动教育价值研究更加深入，劳动素养研究持续增加，国别研究越来越丰富。从实践推进看，中小学劳动教育育人体系不断完善，劳动教育师资队伍建设逐渐加强，劳动教育实践基地量质齐升，各地对劳动教育的政策保障不断加强；职业院校正在打造全过程融入的劳动教育模式，劳动教育课程建设更加深入，普遍开设劳育必修课，落实课程劳育融合，师资队伍建设更加完善，并以数字技术赋能劳动教育；普通高等学校劳动教育普遍被纳入人才培养体系，劳动教育课程化建设逐步完善，劳动教育师资队伍建设进一步加强。

（二）"大学生劳动教育课程价值引领"研究成果概览

"大学生劳动教育课程价值引领"课题组采用大规模问卷调查，主要从大学师生对劳动教育的主观认知、劳动教育课程的实际开展情况以及劳动教育课程对大学生就业观的引领等方面开展研究，旨在揭示新时期大学劳动教育课程的作用及其机制。其主要研究结论，一是大学生劳动教育课程广泛开展并初见成效。目前，大学生劳动教育课已在高校中广泛开展，总体课程类型、课程内容等基本符合国家政策和文件要求，师生对劳动教育持有积极态度。二是高校师生劳动教育主观认知深度和广度不足。当前教育实践中劳动教育课程开展主要依赖于国家政策推动，大学师生对劳动教育的主观认知缺乏一定的深度和广度，表现为认知文本化、认知离身化、认知片面化。三是劳动教育课程有助于引导大学生树立正确的就业观。当前大学生就业目标主观化，就业目的理想化。就业观念呈现"向钱看"、"向前看"和"向稳看"的特征，学历越高、大学质量越好，越"向钱"和"向前"；学历越低、大学质量越一般，越"向稳"。劳动教育课对大学生的引领作用表现，一是在认知方面，劳动教育课程有助于提升大学生对劳动观和劳动精神各方面的认知，劳模工匠教学资源对大学生劳动精神的培养作用更显著。二是在就业观方面，上过劳动教育课程的学生，更看重社会价值、专业匹配与自我价值的实现，在就业时，能力提升和专业匹配考虑排序不断上升，对薪资待遇的考虑则有所下降。劳模资源的注入和理论结合实践的课程形式，均对大学生的劳动价值观形成效果相对更好，也有助于大学生劳动教育课程建设面向现实劳动世界。

二 促进高校毕业生高质量充分就业

2024年5月27日，习近平总书记在主持党的二十届中央政治局第十四次集体学习时指出，"促进高质量充分就业，是新时代新征程就业工作的新定位、新使命"，要"完善重点群体就业支持政策"，"坚持把高校毕业生等青年群体就业作为重中之重"。[①] 2024年9月15日《中共中央 国务院关于实施就业优先战略促进高质量充分就业的意见》中也强调"拓展高校毕业生等青年就业成才渠道"[②]。高校毕业生就业作为就业工作的重中之重，事关就业大局的稳定。促进高校毕业生高质量充分就业是本次研讨会的重要议题，与会专家主要围绕促进高质量充分就业的理论内涵、制约高校毕业生高质量充分就业的结构性矛盾以及促进高校毕业生高质量充分就业的应对策略等方面进行了研讨交流。

[①] 习近平：《促进高质量充分就业》，《求是》2024年第21期。
[②] 《中共中央 国务院关于实施就业优先战略促进高质量充分就业的意见》，中国政府网，https://www.gov.cn/zhengce/202409/content_6976469.htm。

（一）正确把握高质量充分就业的理论内涵，为促进高校毕业生高质量充分就业奠定认识基础

正确理解和把握促进高质量充分就业的理论内涵可以为促进高校毕业生高质量充分就业奠定良好的认识基础。人力资源和社会保障部中国劳动和社会保障科学研究院莫荣院长从宏观、中观和微观三个层面介绍了促进高质量充分就业的理论内涵。

从宏观层面看，高质量充分就业意味着要形成就业机会充分、就业环境公平、就业结构优化、人岗匹配高效、劳动关系和谐的就业格局。具体而言，一是要扩大就业规模，形成多层次、多元化的就业岗位布局，以满足劳动者的求职需求。二是要让劳动者享有平等机会、无歧视的竞争条件以及公正的资源分配机制。三是通过调整和改善劳动力市场中的就业分布，实现劳动力资源的合理配置和高效利用。四是要提高就业供需匹配效率，统筹教育、培训及就业，强化产学研融合，解决好人力资源供需不匹配这一结构性就业矛盾。五是要构建和维护劳动者与用人单位之间平等、互利、合作的关系，确保双方在劳动过程中的权益得到尊重和保护，实现共同发展。

从中观层面看，高质量充分就业意味着要打造充分就业城市、充分就业社区。充分发挥城市和社区在促进高质量充分就业中的优势作用，以区域经济发展为依托，以公共服务体系为支撑，将国家宏观层面的就业优先战略转化为具体落地的地方行动，进而转化为微观个体层面的就业获得感，打造充分就业城市、充分就业社区，形成多方合力的就业生态。

从微观层面看，高质量充分就业意味着劳动者不仅"有活干"，而且能"干得安心"。"有活干"是就业的最基本要求，也是实现其他高质量就业目标的前提，"干得安心"则要求劳动者工作具有相对稳定性，有合理的收入，有职业安全保障，只有这样才能减轻劳动者对未来不确定性的担忧，让他们专注于提高工作效率和职业技能，更好地规划职业生涯和个人生活，促进劳动者自我价值的充分实现。

（二）深刻剖析制约高校毕业生高质量充分就业的结构性矛盾，为促进高校毕业生高质量充分就业扫清障碍

"人力资源供需不匹配，是当前我国就业领域面临的主要矛盾"[①]，具体到

[①] 习近平：《促进高质量充分就业》，《求是》2024年第21期。

高校毕业生群体而言，我国高校毕业生就业领域也面临着供需不匹配的结构性矛盾。本次研讨会上，中共中央党校（国家行政学院）社会和生态文明教研部赖德胜教授对制约高校毕业生高质量充分就业的结构性矛盾进行了深入分析。他指出，我国高校毕业生就业难的根本原因在于"在高等教育扩张过程中，高校毕业生供给结构发生了重要变化，因而出现了当下'有活没人干'和'有人没活干'这一就业结构性矛盾"[①]。

一是高校毕业生学科专业供给结构与劳动力市场需求结构发生了一定偏差。从高校毕业生学科专业供给结构来看，虽然高等教育大规模扩招，但我国高校自然科学类专业的毕业生占比却大幅度下降了，如从1996年到2020年，本科阶段理工科毕业生占比从71.08%下降到47.92%。从劳动力市场需求结构来看，随着我国制造强国、质量强国、航天强国、交通强国、数字中国建设的不断推进，特别是新一代数字技术快速发展以及数字经济与实体经济的深度融合，催生了大量自然科学类的就业岗位。这说明高校毕业生学科专业供给结构与劳动力市场需求结构发生了一定偏差。[②]

二是高等教育招生人数出现了性别差距逆转。高等教育大规模扩招以来，高校毕业生的性别差距不断缩小，2007年高等教育招生人数中女生比例首次超过男生，达到52.59%，出现"性别差距逆转"，[③] 2022年普通本科学生中，毕业生中女生占比55.26%，在校学生中女生占比52.8%。可见，从毕业生的供给结构看，女生多于男生。但从就业情况看，女性毕业生比男性毕业生就业更难。一方面是因为生儿育女容易造成女性"职场中断"，就业性别歧视普遍存在。另一方面是因为女性大学生中学文科的比重比较高，相应的，学理工农医专业的比重比较低，劳动力市场上对理工农医等自然科学类专业的毕业生需求更高，这就导致文科居多的女性毕业生在求职就业时不具优势。

三是地方院校是扩招的主体，但其人才培养模式仍具有明显的精英教育倾向。高等教育扩招以来，地方院校成为扩招的主体。如在本科层次上，部属高校招生人数占比从1998年的45%左右下降到2024年的10%左右，地方公办高校占比从55%左右上升到75%左右，民办高校则从无到有，2024年已占到15%

---

① 赖德胜：《高校毕业生结构性就业矛盾及其政策应对》，《新视野》2024年第6期。
② 赖德胜：《高校毕业生结构性就业矛盾及其政策应对》，《新视野》2024年第6期。
③ 赖德胜：《高校毕业生结构性就业矛盾及其政策应对》，《新视野》2024年第6期。

左右，也就是说，地方院校培养的毕业生已占高校毕业生总数的90%以上。① 但从人才培养质量看，一些地方院校的人才培养质量与市场需求有一定差距，如人才培养模式仍具有明显的精英教育倾向，与当地产业发展的结合度不够高；一些地方院校的办学资源如师资资源、硬件资源等不是很充分，人才培养质量不尽如人意。

四是高校毕业生期望相对稳定的工作岗位，但灵活就业占比却越来越高。近些年来，高校毕业生在求职中越来越表现出求稳的倾向，薪资福利、稳定性、安全性等是择业的关键性因素。根据智联招聘的数据，最近几年应届毕业生期望就业的企业类型，大约70%的毕业生首选国有企业、国家机关和事业单位等相对稳定的工作岗位，"考公"更是成为热门选择。而劳动力市场上新增就业岗位90%以上是由民营企业、中小微企业提供的。随着人工智能等新一代信息技术的广泛应用和高水平社会主义市场经济体制的构建，新就业形态还会不断涌现，劳动力市场和工作的灵活性可能还会进一步增强。这说明高校毕业生的求职意愿结构与劳动力市场新增就业岗位结构产生了一定偏差。②

（三）多方联动落实高质量充分就业的各项举措，为促进高校毕业生高质量充分就业保驾护航

如何促进高校毕业生高质量充分就业是本次研讨会的重要议题，人力资源和社会保障部中国劳动和社会保障科学研究院院长莫荣、中共中央党校（国家行政学院）社会和生态文明教研部教授赖德胜、中国人事科学研究院人力资源市场与流动管理研究室主任田永坡等与会专家从不同角度提出诸多应对策略。概括而言，一是优化高等教育的学科专业结构，建立科技发展、国家战略需求牵引的学科设置调整机制，扩大理工农医类专业招生规模，加强新工科、新医科、新农科、新文科建设。二是优化高等教育布局定位，分类推进高校改革，特别是要深化教育评价改革，激励不同高校办出优势特色，形成"横看成岭侧成峰"的高等教育格局。三是增强劳动力市场的灵活稳定性，适当增强灵活就业的社会保护，提高其就业质量，更好发挥其吸纳高校毕业生就业的作用。四是合理分担女性生育成本，可考虑将生育养育等纳入基本公共服务范围，降低

---

① 赖德胜：《高校毕业生结构性就业矛盾及其政策应对》，《新视野》2024年第6期。
② 赖德胜：《高校毕业生结构性就业矛盾及其政策应对》，《新视野》2024年第6期。

企业女性用工成本。五是做好大学与职场的"衔接",加强人才供需连接,引导大学生做好职业规划,提升实习与就业见习质量。六是加强大学生劳动教育,增进劳动认知,激发劳动情感,夯实劳动技能,提升自身竞争力。七是认真落实党的二十届三中全会提出的"完善学生实习实践制度"要求,加强人社系统、教育系统和工会系统的工作衔接,实施百万就业见习岗位募集计划,筑牢大学到职场的求职路。

三 劳动教育职前职后贯通培养

劳动教育直接决定社会主义建设者和接班人的劳动精神面貌、劳动价值取向和劳动技能水平,大中小学生群体作为未来的社会主义建设者和接班人需要劳动教育,已经走上工作岗位的广大干部职工作为社会主义建设的直接参与者和实践者同样需要劳动教育,这就要求我们对劳动教育的思考不应局限于学生阶段的职前培养,而是要树立"大劳动教育"观,将劳动教育的范围从职前阶段拓展延伸到职后阶段,实现劳动教育职前职后贯通培养,以助力未来和当下的社会主义建设者和接班人形成良好的劳动精神面貌、端正的劳动价值取向和卓越的劳动技能水平,赋能强国建设。因此,本次研讨会将"劳动教育职前职后贯通培养"作为"强国建设 劳育何为"研讨的另一重要议题,与会专家从发挥工会的组织优势、发挥劳动教育的价值引领作用以及在生涯教育中融入劳动教育等方面进行了交流研讨。

(一)发挥工会的组织优势,推动形成多方协作共建的工作格局

中华全国总工会宣传教育部李奉明副部长指出要发挥工会的组织优势,为劳动教育助力大学生高质量充分就业、产业工人队伍建设、工会职工教育等搭建体现工会特色的劳动实践平台,推动形成多方协作共建的工作格局。立足工会的职能定位,工会在全面加强新时代劳动教育中大有可为,对此,《关于在全面加强新时代劳动教育中充分发挥工会组织作用的指导意见》(以下简称《意见》)作了详细阐释,《意见》指出,要发挥工会组织宣传引导优势,推动形成重视和支持劳动教育的浓厚社会氛围;要发挥工会组织资源阵地优势,推动广泛开展劳动教育实践活动;要发挥工会组织理论研究优势,推动提升劳动教育基础理论研究水平;要发挥工会组织体系机构优势,将劳动教育融入工会院校

教育培训全过程。① 通过发挥工会组织的上述优势，工会组织不仅可以为职前阶段的大中小学劳动教育提供课程资源、师资资源、场地资源等，也可以为职后阶段的干部职工劳动教育的开展搭建平台，助力实现劳动教育职前职后贯通培养。从课程资源供给的角度看，对职前阶段的劳动教育来说，工会组织可促成学校与企业的深度合作，推动产教融合，帮助学生提前了解真实职业环境，减少就业结构性矛盾；也可联合企业开发贴合产业需求的劳动实践课程，如安全生产、职业伦理等，将劳动精神、职业规范和社会协作意识等融入大中小学劳动教育，帮助学生树立正确的劳动观。对职后阶段的劳动教育来说，工会可以组织相关专家开发干部职工劳动教育课程，帮助广大干部职工深刻理解劳动的意义。从教师资源供给来看，工会可发挥其资源优势为大中小学生、干部职工等聘请劳模工匠、各行各业的先进工作者等进行授课，发挥典型人物的示范引领作用。从场地资源供给看，对职前阶段的劳动教育来说，工会可推动劳模和工匠人才创新工作室、工人文化宫、企业实训基地等参与劳动教育；对职后阶段的劳动教育来说，各级工会组织可通过开展行业技能竞赛、劳动实践基地参观学习等助力干部职工劳动教育。

（二）把握劳动教育的价值属性，发挥劳动教育的价值引领作用

劳动教育职前职后贯通培养需要把握新时代劳动教育的核心与灵魂，只有这样才能确保贯通培养方向正确，主线鲜明。北京师范大学公民与道德研究中心主任班建武围绕"劳动教育的价值属性及其实现"这一主题进行了交流，指出要把握劳动教育的价值属性，发挥劳动教育的价值引领作用。

1. 发挥劳动教育在促进社会生产力解放、提升社会主义制度认同方面的社会价值引领作用

一是劳动教育要体现先进生产力的发展方向，促进社会生产力的解放。一方面，劳动内驱力作为一种内在动力是影响人这一"首要生产力"发挥效力的关键因素，新时代劳动教育要以激发作为劳动主体的人的劳动内驱力为主要任务。为此，可从劳动使命感的激发、劳动责任感的认同、劳动创造力的提升以及劳模精神、劳动精神、工匠精神三种精神的弘扬方面着手。另一方面，新时

---

① 《全总印发〈意见〉在全面加强新时代劳动教育中充分发挥工会组织作用》，《工人日报》2020年7月17日。

代劳动教育要与现代科技自觉结合。比如,在劳动教育内容方面,要自觉反映新时代劳动形态的变化,适应科技发展和产业变革,注重新兴技术支撑和社会服务新变化;在劳动教育形式方面,要自觉将现代科技融入劳动教育教学中,不断丰富创新劳动教育手段。

二是要发挥劳动教育在提升人们对社会主义制度认同方面的作用。一方面,要高度重视生产关系的教育。对于劳动教育而言,重点在于帮助学生理解资本主义和社会主义制度下劳动的社会属性的不同,进而能够在比较中获得对社会主义制度的理性认同。另一方面,新时代劳动教育必须与社会治理现代化紧密结合。没有社会治理现代化,劳动教育很难在全社会形成价值共识。对此,在制度层面,要不断提升劳动者权益,增强其劳动获得感;在文化层面,要营造劳动光荣的社会氛围。

2. 发挥劳动教育在促进人的类本质自由实现方面的个体价值引领作用

在个体价值引领方面,劳动教育与人的类本质的自由实现相关联。随着社会生产力的快速发展以及劳动形态的急剧变化,新时代劳动教育的功能发生了全面而深刻的变革,劳动对于个体的价值已经不仅仅是满足谋生需求的工具性价值,而是越来越成为当代人最重要的存在方式。新时代劳动教育要能够确保人获得一种自我存在的价值感和意义感,价值感和意义感的获得离不开对象性的活动。劳动是人类社会独有的、自觉的对象化实践,缺少了必要的劳动实践,人就缺乏了自我对象化的重要对象,从而也就缺乏了从对象化世界中反观自我的载体和能力。当前,学生借以实现自我对象化的劳动实践活动少且形式单一,这是当代青少年遭遇生命意义危机的深层根源。[①] 因此,通过开展劳动教育,让学生"在劳动中充分感受到自我作为主体的人的本质力量的彰显,感受到劳动与自我、自觉、自由的类本质的内在一致性"[②],重新占有其类本质,对于学生身心健康成长至关重要。这就要求一方面在劳动教育中给学生提供充分的劳动机会,另一方面要让学生亲身经历劳动过程、收获劳动成果,在改造客观世界的过程中改造主观世界,实现自身成长。

[①] 班建武:《"新"劳动教育的内涵特征与实践路径》,《教育研究》2019年第1期。
[②] 班建武:《新时代全面加强劳动教育的意义、特征及其实践要求》,《中小学校长》2021年第4期。

(三)在生涯教育中融入劳动教育,让劳动教育走向终身化

生涯教育与劳动教育作为教育体系中不可或缺的两个组成部分,尽管二者侧重点有所不同,但在理论来源、目标追求上具有内在一致性。教育部学生发展中心方伟副主任以"劳动教育与生涯规划"为题,探讨了二者之间的内在关联,认为二者可以相互促进、相互助益。在生涯教育中融入劳动教育,不仅能够丰富生涯规划的内涵,使教育过程更加贴近实际、贴近生活,还能够让劳动教育超越传统意义上的阶段性教育范畴,走向终身化,成为个体在不同生涯阶段持续成长与自我实现的重要动力。

一是以促进人的全面发展为宗旨,在生涯教育中融入劳动价值观的塑造、劳动精神的弘扬以及劳动技能的锤炼。一方面,要在生涯规划初期就应注重劳动价值观的塑造,引导人们认识到劳动不仅是谋生的手段,更是实现个人价值、促进社会进步的重要途径。另一方面,要在生涯教育中弘扬劳动精神,强调勤勉、创新、协作等品质在职业生涯中的重要作用,鼓励人们将劳动精神内化为个人行为准则,成为推动职业发展的不竭动力。此外,生涯教育还需注重劳动技能的锤炼,帮助人们构建起适应未来社会需求的劳动技能体系。

二是在生涯教育中融入劳动教育,有利于促进教育理念的变革,实现从人职匹配到职人匹配、从以职业为中心到以自我实现为中心的转变。传统的人职匹配更多关注个体能力与职业要求的契合,而职人匹配更强调职业对个体的反作用,即职业如何促进个体的全面成长与发展,不再单纯地将职业作为谋生的工具,而是将职业发展视为实现自我价值、追求人生意义的途径。在这一过程中,劳动不仅成为连接个人与社会、理想与现实的桥梁,更是个体实现自我完善、自我超越的重要途径。

本次研讨会跳出了就教育看劳动教育的传统认识,开创了教育、人社、工会系统共研劳动教育问题的新范式。从学术层面看,实现了劳动教育研究学科视角的转变,推动了劳动科学与教育科学的"会师";从实践层面看,实现了劳动教育研究视野从教育系统向社会系统的转变,推动了劳动教育与中国式现代化建设中现实问题解决的紧密结合。

(编辑:谢颜)

Labor Education Review

Issue 14
June 2025

Table of Contents & Abstracts

Hot Spot Focusing

Research on the Construction of the Labor-education Curriculum System of Colleges in the New Era

Liu Zheng / 1

Abstract: Labor-education curriculum serves as the primary method for developing students' overall labor quality; therefore its establishment is a significant mission for higher education. Through analyzing the basic requirements and characteristics of labor-education in modern universities, this thesis proposes that the curriculum system should undeline well-rounded education, the integration of knowledge into practice, with interest-driven and people-oriented ideas, and the course should cultivate students' proper attitude, essential skills, motivation and habituation toward labor. Guided by the principles of being scientific, theoretical, practical, comprehensive, and systematic, the four curriculum systems are constructed to keep pace with the times: compulsory labor courses, elective labor courses, integrated labor courses, and labor activity courses. Such systems can be realized if we improve the quality of the entire faculty, establish a diversified labor practice platform, and improve the evaluation mechanisms of labor courses.

Keywords: Higher Education; Labor Education; Curriculum System

Investigation and Analysis of the Cultivation of the Labor Spirit of Higher Vocational College Students under the Background of Integrating Ideological and Political Education into Courses

Zhou Shaoyong / 14

Abstract: Labor education is an important part of moral education and is an indispensable component of the "Five Education Plan". This article selects students from two vocational colleges as survey objects, analyzes the current situation of cultivating labor spirit among vocational college students through data analysis, focuses on observing indicators from the cultivation of students' labor theory literacy, labor value cognition, and labor value evaluation, analyzes the reasons for existing problems, and proposes that vocational colleges should explore the practical path of cultivating labor spirit from three dimensions: system reconstruction, mode innovation, and mechanism guarantee, based on the background of implementing ideological and political courses.

Keywords: Labor Spirit; Vocational Colleges; Course Ideology and Politics

Ten key Issues in the Compilation of the Practical Guidance Manual for Labor Education in Primary and Secondary Schools   Ouyang Xiujun / 27

Abstract: The "Compulsory Education Labor Curriculum Standards (2022 Edition)" is the direct basis for the compilation of the practical guidance manual for labor education in primary and secondary schools. The compilation of the practical guidance manual for labor education in primary and secondary schools should be based on the national curriculum standards and develop content suitable for students' use according to regional needs. Based on the requirements of the curriculum standard and combined with the practice and reflection of the compilation of the Labor Education Practice Guidance Manual, it is believed that the compilation of the Labor Education Practice Guidance Manual should focus on ten key issues in terms of value, objectives, content, and implementation. Pay attention to the tension between the "general" and "special" aspects of the region in terms of writing value, and handle the relationship between "labor" and "morality, intelligence, physical fitness, and beauty" well; Carrying the core competencies that labor courses should cultivate in writing objectives, and strengthening the organic unity of labor and education; In terms of content selection, emphasis should be placed on selecting labor materials based on the curriculum standards, integrating and developing traditional and modern crafts, and achieving equal emphasis on both subject and content in the transition of learning stages, in order to facilitate the interactive integration of labor courses and subject courses; Emphasis should be placed on establishing an integrated labor education environment of "home school society" in terms of implementation guarantees, ensuring consistency in the "teaching learning evaluation" section of the manual, in order to provide useful references for the compilation of labor education practice guidance manuals.

Keywords: Labor Curriculum Standards; Labor Education; Labor Education Practice Guidance Manual; Textbook Writing

The Paradigm of Essence and Function Alleviates the Formalization Dilemma in College Labor Education Courses   Wang hui, Zhong Hui and Xin Qingting / 41

Abstract: Current labor education in higher education faces formalized dilemmas such as homogenized teaching content, outdated methods, and exam-oriented evaluation, leading to the separation of "essence" and "function", which deviates from the core goal of fostering virtue and talent. Based on the Chinese philosophical "Essence and Function Paradigm", this study proposes an integrated "essence-function unity" approach: shaping labor spirit as the "essence" and constructing curriculum systems as the "function", promoting their deep convergence. To address the "essence-function separation", a tripartite strategy is established: 1. Goal achievement as essence, literacy cultivation as function—enhancing teacher training and integrating practical coursework; 2. Labor consciousness as essence, productive practice as function—building an experiential teaching model for knowledge-action unity; 3. Method innovation as essence, diversified evaluation as function—creating an assessment system combining process and outcome. The research demonstrates that the "essence-function paradigm" provides theoretical and methodological support for resolving formalization in labor education. It facilitates the dual objectives of internalizing labor values and enhancing practical competencies, cultivating well-rounded, high-quality laborers for the new era.

Keywords: Essence and Function Paradigm; Labor Education; Course Development

Analysis on the Implementation Path and Optimization Strategy of Labor Education in China's Colleges and Universities Based on Nvivo   Zhuo Xiao / 53

Abstract: To systematically understand the current status of labor education implementation in Chinese universities, this study conducted a qualitative analysis of labor education implementation plans issued by 27 universities. The study analyzes in detail the implementation paths and ideas of labor education in colleges and universities at the present stage from three aspects, namely, implementation guarantee mechanism, labor curriculum education, and labor practice education. The findings reveal that universities primarily focus on three core areas: the construction and improvement of support systems, the development and integration of labor education courses, and the innovation and integration of labor practice programs. However, challenges remain, including insufficient attention to labor venues and funding, inadequate integration of teaching and research resources, and an imbalanced labor practice education system. In the future, universities need to further strengthen and improve in the areas of labor site protection, establishment of special funds, teacher training, education and teaching research, and home-school-society synergy.

Keywords: Labor Education; Implementation Guarantee Mechanism; Labor Curriculum Education; Labor Practice Education

Current Situation Review and Future Direction: 40 Years of Research on Early Childhood Labor Education in China (1983-2022)   Qi Juan, Li Yinghui, Hai Ruyan and Hai Xiaoying / 67

Abstract: Young children are the future of the country and the hope of the nation, and the implementation of labor education for young children is a key path to promote their comprehensive growth. Summarizing and refining the current situation and trend of China's early childhood labor education research in the past four decades not only can comprehensively understand the development trend of China's previous research results on early childhood labor education, but also can help to predict the trend of future research and provide positive reference and useful reference for subsequent research. Relying on the Cite space visual analysis software, this study systematically examined the literature overview, research hotspots, evolutionary trends and future research directions in the field of early childhood labor education research in China over the past 40 years. The study finds that Chinese research on early childhood labor education has been influenced by policy discourse, and has shown three stages of evolution, namely, the beginning, accumulation and deepening; the existing research has multiple challenges, such as the research environment needs to be optimized, the depth of research needs to be explored, and the innovativeness of research needs to be improved. Facing the new era, future research on early childhood labor education needs to reshape the relationship between researchers of early childhood labor education, clarify the core concepts of early childhood labor education, and create a curriculum system of early childhood labor education that integrates the "five educations".

Keywords: Early Childhood Labour; Labour Education; Labour Habits

Historical Review

A Historical Examination of the Evolution of Labor Education in Modern China

Wang Xiaohui, Yan Siyu / 90

Abstract: From 1840 to 1949, labor education in modern China underwent four developmental stages: Initial Phase (1840–1921), Shaping Phase (1921–1937), Deepening Phase (1937–1945), and Adjustment Phase (1945–1949). During the Initial Phase, the traditional notion that "mental laborers govern others" was challenged by the "Eastward Transmission of Western Knowledge", which promoted the inclusion of agricultural and industrial disciplines into the modern educational system. In the Shaping Phase, the Chinese Communist Party (CCP) integrated labor education with the awakening of class consciousness, establishing a new paradigm of "education serving workers and peasants". The Deepening Phase saw the institutionalization of a war-education integration system, transforming labor education from a tool of class struggle into a survival-oriented practice. During the Adjustment Phase, the principle of "land reform as education" facilitated a shift in labor education from skill acquisition to the cultivation of political identity. The evolution of modern labor education reflects a dual trajectory: deepening from material concerns to value-oriented frameworks and transitioning from technical training to the construction of subjectivity. This historical progression offers insights for contemporary labor education to transcend instrumental rationality and foster holistic human development through authentic labor practices.

Keywords: Modern China; Labor Education; Chinese Communist Party; Historical Evolution

The Enlightenment of the Work-Study Program at Lingnan University during the War Against Japanese Aggression on Labor Education in the New Era of Higher Education Institutions

Ning Xiajiang / 108

Abstract: During the War Against Japanese Aggression, Lingnan University relocated to a remote mountain village in northern Guangdong to continue its educational mission. To alleviate the financial pressures on students from impoverished families and overseas Chinese youth who had lost contact with their families, the university vigorously implemented work-study program. The work-study system at Lingnan University still holds enlightening and inheritable significance for labor education in new era of higher education: labor education emphasizes "education", aiming to enhance students' awareness of labor and establish a healthy concept of labor; labor education should create practical opportunities for students, providing them with venues for labor practice; labor education should be carried out within a collective, fostering students' spirit, ability, and emotional recognition of teamwork; labor education should be implemented in the experience of "earning through labor", allowing students to have a direct sense of "gain" in their labor practices; labor education should be integrated into the overall educational system, achieving "comprehensive education" and "balanced development of five aspects of education".

Keywords: Lingnan University; Work-study Program; Labor Education

Develop New-quality Productive Forces

Empowering New-quality Productive Forces through Labor Education in Universities: Internal Logic, Practical Needs and Practical Approaches Yan Peilu, Liu Jinzhi / 120

Abstract: Labor education and new quality productivity have emerged as prominent topics in higher education research, demonstrating high compatibility in their value foundations rooted in innovation and practice. The theoretical connections, shared values, and intrinsic mutual reinforcement between university-level labor education and new quality productivity establish the feasibility of empowering new quality productivity through labor education. From a logical mechanism perspective, labor education serves as a powerful driving force for developing new quality productivity, holding significant value in cultivating a high-quality workforce, stimulating innovative and creative talents, and shaping a new generation of workers. In practical implementation, effective pathways include integrating new quality productivity concepts into labor education curricula, synthesizing labor education with disciplinary specialties, and leveraging technological advancements to innovate labor education models. These approaches can solidify labor education's foundational role in supporting new quality productivity development, consolidate talent resources for productivity advancement, and ultimately build a high-caliber composite workforce for the new era.

Keywords: New-quality Productive Forces; Labor Education; New Workers

Conference Express

Forward to Labor: Proceedings Summary of the 2025 New Year Academic Symposium on Labor Education at China University of Labor Relations Chen Tingting, Ji Wenwen / 133

《劳动教育评论》约稿函

  《劳动教育评论》是由中国劳动关系学院劳动教育学院（劳动教育研究院）主办，社会科学文献出版社出版的教育类学术集刊，旨在弘扬劳动精神，繁荣劳动教育科学研究，构建全面的中国特色社会主义劳动教育学科体系。本刊以劳动教育政策解读、劳动教育理论前沿、劳动教育哲学研究、劳动教育案例分析、国际劳动教育比较、劳动教育思想研究以及劳动教育相关学科建设为主要研究领域，常设理论探讨、热点聚焦、专题研究、互鉴交流、教研之声等栏目，欢迎广大专家、学者不吝赐稿。

一 征稿范围（包括但不限于）

1. 习近平新时代劳动和劳动教育观研究；
2. 新时代劳动教育的哲学基础研究；
3. 高校劳动教育分类实施探索；
4. 劳动教育的师资培养、机制建设；
5. 大中小学劳动教育一体化建设路径探讨；
6. 新时代劳动教育的内容、实施与评价研究；
7. 劳动教育的典型案例与实证调查；
8. 劳动教育的国际经验与比较研究；
9. 劳模精神、劳动精神、工匠精神与新时代劳动价值观的塑造；
10. 人工智能发展趋势下的劳动教育等。

二 来稿要求

1. 文章类型：本刊倡导学术创新，凡与劳动教育相关的理论研究、学术探讨、对话访谈、国外思想动态、案例分析、调查报告等不同形式的优秀论文均可投稿。欢迎劳动哲学、劳动关系、劳动社会学、劳动法学、劳动经济学、劳动文化学等劳动科学领域学者从本学科领域对新时代劳动教育的内容体系构建和配套制度建设提出新的创见。

2. 基本要求：投稿文章一般以1万~1.5万字为宜，须未公开发表，内容严禁剽窃，学术不端检测重复率低于15%，文责自负。

3. 格式规范：符合论文规范，包含标题、作者（姓名、单位、省区市、邮编）、摘要（100~300字）、关键词（3~5个）、正文（标题不超过3级）、参考文献（参考文献和注释均为页下注，每页编序码，序号用①②③标示）、作者简介等。

4. 投稿邮箱：ldjypl@culr.edu.cn；联系电话：（010）88561650。

三　其他说明

1. 来稿请注明作者姓名、工作单位、职务或职称、学历、主要研究领域、通信地址、邮政编码、联系电话、电子邮箱地址，以便联络。

2. 来稿请勿一稿多投，自投稿之日起两个月内未收到备用或录用通知者，可自行处理。编辑部有权对来稿进行修改，不同意者请在投稿时注明。

3. 本刊已被中国知网收录，凡在本刊发表的文章均视为作者同意自动收入CNKI系列数据库及资源服务平台，本刊所付稿酬已包括进入该数据库的报酬。

《劳动教育评论》编辑部

图书在版编目(CIP)数据

劳动教育评论.第14辑/中国劳动关系学院主编.
北京：社会科学文献出版社，2025.6. -- ISBN 978-7
-5228-5474-8

Ⅰ.G40-015

中国国家版本馆CIP数据核字第2025ZM9710号

劳动教育评论（第14辑）

主　　编／中国劳动关系学院

出 版 人／冀祥德
组稿编辑／任文武
责任编辑／刘如东
责任印制／岳　阳

出　　版／社会科学文献出版社·生态文明分社（010）59367143
　　　　　地址：北京市北三环中路甲29号院华龙大厦　邮编：100029
　　　　　网址：www.ssap.com.cn
发　　行／社会科学文献出版社（010）59367028
印　　装／三河市东方印刷有限公司

规　　格／开 本：787mm×1092mm　1/16
　　　　　印 张：9.75　字 数：168千字
版　　次／2025年6月第1版　2025年6月第1次印刷
书　　号／ISBN 978-7-5228-5474-8
定　　价／58.00元

读者服务电话：4008918866

版权所有 翻印必究